我們的心都沒病

WE ARE ALL DOING WELL

小時候
我們總喜歡去想人生的意義，

但是現在，
在人生裡過了很久之後，
才發現原來它的意義就在於**好好愛自己，**
愛該愛的人，做一個對得起自己的人。

痛苦對於人生而言，
常常扮演著不速之客的角色，往往不請自到。
有些痛苦來的溫柔，如同慢慢降臨的黃昏，只會讓你慢慢地感到冰冷和黑暗。
有些痛苦來得突然，如同一陣驟雨，讓我們來不及防範。

人生視野：51

我們的心都沒病

編　　　著：蕭蔓琳
出　版　者：大拓文化事業有限公司
執 行 編 輯：林美玲
美 術 編 輯：蕭佩玲

總 經 銷：永續圖書有限公司
劃 撥 帳 號：18669219
地　　址：22103 新北市汐止區大同路三段一百九十四號九樓之一
TEL (02)八六四七－三六六三
FAX (02)八六四七－三六六〇
E-mail yungjiuh@ms45.hinet.net
網　址 www.foreverbooks.com.tw

CVS代理：美璟文化有限公司
TEL (02)二七二三－九九六八
FAX (02)二七二三－九六六八

法 律 顧 問：方圓法律事務所　涂成樞律師

出 版 日◇二〇一五年六月
Printed in Taiwan, 2015 All Rights Reserved
版權所有，任何形式之翻印，均屬侵權行為

永續圖書線上購物網
www.foreverbooks.com.tw

國家圖書館出版品預行編目資料

我們的心都沒病 / 蕭蔓琳 編著.
-- 初版. -- 新北市：大拓文化, 民104.06
面； 公分. --（人生視野；51）
ISBN 978-986-411-005-6(平裝)
1.修身 2.生活指導
192.1　　　　　　　　　104006053

我們的心都沒病
WE ARE ALL DOING WELL

前 言

　　人們總是抱怨幸福指數不高，內心不快樂。據調查結果顯示，主流城市的上班族處於過勞狀態的接近六成，真正意義上「健康」的人比例不到百分之三。

　　每個人內心或多或少都有一些負面情緒，諸如焦慮、緊張、憤怒、沮喪、悲傷、痛苦等情緒。

　　有的人累積一些負面情緒在家人和同事面前唉聲歎氣、眉頭緊鎖。然而這種情緒極有可能再傳染給親朋和同事，讓氣氛變的壓抑。

　　但是負面情緒得不到釋放，也會讓人憋出「內傷」，甚至影響工作和生活的進行，進而引起身心傷害。很多人沒有意識到這些「疾病」對自己的影響，因此也找不到自己為什麼不快樂的根源？在整個大環境的壓力和自身的壓抑下，有的人試圖透過瘋狂地購物、瘋狂地吃喝玩樂來釋放自己。

人們在豐富物質的同時，卻將自己的心靈置於一片荒原之上。瘋狂消費只能帶來暫時的快樂，不是真正意義上關愛自己。

　　愛的本質是接納自己，不是求索於他人；幸福的本質是喜悅蕩漾心中，而不是以外在的事物來衡量。這些其實很簡單，但可惜的是，那麼多的人，偏偏執迷不悟，在生命的洪流中迷失了自己。

　　本書運用心靈對話，讓人們找到自己身上不曾被發現的一些心靈疾病，認知那些困擾我們心靈的負面情緒和思維，走出煩惱和苦悶的旋渦，並真正接納自己、珍愛自己、相信自己！

我們的心都沒病

WE ARE ALL DOING WELL

Chapter 1
讓拖延之手從你的生活中鬆開

5

Chapter 2
從抑鬱的泥淖中走出來

我們的心都沒病

WE ARE ALL
DOING WELL

Chapter 3
找回恐懼掠走的那些美好

Chapter 4
完善自己的「危機資料庫」

我們的心都沒病
WE ARE ALL
DOING WELL

Chapter 5
擔負重擔也要輕鬆前行

Chapter 6
相信自己會變得更好

我們的心都沒病
WE ARE ALL
DOING WELL

Chapter 7
尋找心靈的寄託

讓拖延之手
從你的生活中鬆開

WE ARE ALL DOING WELL

現在是最好的行動時機

你說過多少遍「我明天就去做」這類的話呢？有時，當你對某件事還不瞭解或沒有把握完成，就會將其擱置一旁，但你根本不會等到奇蹟的出現，問題不會主動解決，事情不會主動完成。而你說的「我明天就做」，這個「明天」永遠也不會到來。

胡適有句話叫做：「現在就行動。」這句很簡單的話，卻告訴我們一個簡單卻真實的道理，就是人生中的很多事情是不能等待的，當它來臨的時候，一旦等待便可能稍縱即逝。這一點，對於藝術家來說尤其重要，尤其是靈感來臨時，你不抓住，過了這村便沒了這店，只能苦苦等待下一個靈感的到來。

何不現在就行動呢？在靈感到來臨時立即把它寫下

來，在想做某件事的時候立刻去完成它。不用等待時機，不用想現在是不是合適，現在就是最好的行動時機！

心理學研究證明，任何人都有可能拖延，這是一種普遍的心理。比如，在升學和家長的壓力下，學生會推遲寫作文和複習的時間，當時間不多的時候採取死記硬背和臨時抱佛腳；編輯明明不贊成主編的提案卻不得不去做策劃，於是到交稿的最後通宵才慢慢趕出來；在家裡這種事情就更屢見不鮮了，清理地下室，疊衣服也成為一個被推遲的任務。

誰沒有被那些拖著沒有做的事情搞的不勝其煩呢？但是一邊是麻煩，另一邊卻繼續著一輪接一輪的拖延，把自己扔進了一個奇怪的惡性循環怪圈子。想到一件事的時候，立刻解決了它不就沒煩惱了嗎？

你想報名英語的學習班，說的時候一臉憧憬，彷彿報了名便能夠讓你掌握一口流利的英語，話說了一遍又一遍，卻始終沒看見你有所行動。你說，有事耽擱了，等有空時再去。當看到別人用流利的英文交談時，報名學習班的想法便又會在你腦海浮現，但是每次又被所謂的小事拖延了。於是到最後你錯過了報名的時間，也沒有學成英

語。你所想的事情很多很多，因為想像不受限制，但是真正實踐起來的時候，卻發現了種種困難，你找了很多理由說服自己，這件事很困難，於是在一次次說服中，你失去了許多機會。然而，說什麼不重要，做什麼才是關鍵。要著手於現在，珍惜時間，充實自己。

　　不管是什麼事，最好的行動時機就是現在。今天的想法今天來決斷，明天又會有新的事情和想法。

　　每個人的性格中總有多多少少的一些拖延的習慣，今天的事情想留到以後才解決。但是有些事是當初做會感到有趣、快樂的，拖延了幾週之後才去完成，反倒變成了痛苦的包袱。

減少拖延，提高效率

很多人認為，有時將一些馬上可以去做的事情緩一緩無傷大雅，反正自己遲早都會完成它。可是從來沒有想過，這麼做的後果就是無休止的拖延，白白浪費了時間。儘管知道時間一去不復返，但是從沒有真正意義上的去珍惜過時間。

拖延滋生懶惰，懶惰助長拖延。拖延與懶惰就像一對孿生兄弟，因拖延而懶惰，因懶惰而碌碌無為，因碌碌無為使目標離自己越來越遠。

有沒有想過，當你拖延、懶惰、不想做任何事情的時候，別人早已經悄悄超越你了呢？當發現別人已經從對英語一竅不通到能說出一口流利的英語，你才想起原來自己也一直想學英語；當發現別人已經提早做完了老闆交給他的任務並得到了老闆的極力讚賞，你才想起原來老闆給的

任務自己才完成了一半；當發現別人已經從小職員升到了
總經理，你才想起原來你在小職員的位置上默默待了這麼
多年。

　　拖延只會是你失敗的溫床，如果能克服拖延，努力及
時且事半功倍的去完成每天的任務，那麼勝利一定會在不
遠處向你招手。

　　這樣的場景恐怕很多人都有遇到過：當下定決心一定
要克服睡懶覺的毛病，而計畫以後每天早上六點半要起
床。第二天，鬧鐘響了，但是卻對自己說：「今天再多睡
十分鐘，明天絕對六點半會準時起床。」然後按掉鬧鐘，
轉身繼續睡覺。結果，睡懶覺的惡習一直也沒改掉……這
就是拖延。

　　拖延會使你的計畫成為泡影。誰都知道制訂計畫的好
處和拖延的習慣會帶來的不利影響。可是一旦付諸行動，
總是不自覺地為自己找各種藉口為自己拖延。

　　拖延是人的一種潛意識行為，我們需要為之注入積極
的影響，不管什麼時候都要拒絕拖延的藉口，在下次想拖
延的時候，要對自己說：「你沒有任何理由拖延！」要立
即行動，否則你永遠只能被別人超越。

　　有經驗的花匠會把許多快要綻開的花蕾剪去，這是為

什麼呢？那些花蕾不是同樣可以開出美麗的花朵嗎？那是因為花匠們知道，這樣才可以使養分集中在剩下的少數花蕾上。等到這少數花蕾綻開時，一定能開出最碩大美麗的花朵。

做事就像培植花木一樣，與其把所有的精力都消耗在無意義的事情上，還不如看準一項適合自己的重要事業，集中所有精力，全力以赴，那麼一定可以取得傑出的成績。

當陷入瑣碎工作中時，一定問問自己：現在的工作是否接近你最重要的事情？如果不是，那就停止它們，並先著手重要的事項。如此一來，你不但工作效能提高了，還會有更多的閒置時間可以用來享受生活，何樂而不為呢？

總之，拖延不僅妨礙了我們的學習、工作，甚至是生活，還讓我們慢慢地變的懶惰。也許你覺得「拖延」這個不嚴重，但是「懶惰」聽起來就嚴重多了。殊不知你每天慢慢地把工作或學習一點點地拖延就是養成了懶惰的習慣，也漸漸變成了懶惰的人。

如果想要離成功更近一些就必須學會拒絕拖延，學會把一分鐘的時間當成兩分鐘來用。做事不求最多，只求事半功倍，一定要有效率。

在一段時間內
專注於一件事

現代人大多背負著沉重的生活壓力，時常擔心這個，擔心那個。

面對成堆的工作，許多人的第一反應就是自己能不能完成。覺得能完成的還好，一覺得自己完成不了，就會開始急躁、憂慮。

就像有的人，一看到成堆的工作就會焦慮。每天花很多時間去焦慮，要按時完成任務自然有難度，這樣一來，工作想不拖延都難。

既然所憂慮的事不是一時半刻就能改變的，面對這麼多的壓力，何不試一試所謂的「沙漏哲學」呢？即：一次只做一件事情。

把自己的生命想像成一個沙漏。在沙漏的上半部，有成千上萬的沙子，它們在流過中間那條細縫時，是平均而

且緩慢的,除了弄壞它,誰都沒有辦法讓更多的沙粒同時穿過那條窄縫。

人也一樣,每個人都像一個沙漏,每天都是一大堆的工作等著去做,但是我們必須一次一件慢慢來,否則精神絕對承受不了。

第二世界大戰時,有位軍人叫麥考,每天因為有太多艱巨的任務,最後患上了結腸痙攣。

有一天,麥考應體力不支而暈倒,他被送進了醫院,軍醫告訴他沙漏哲學的道理:「一次只流過一粒沙子,一次只做一件事情。」

麥考大受啟發,從此處理事情井井有條。

面對生活,工作的重重壓力,相信「沙漏哲學」對很多人來說應大有助益。

人生在世,每個人都有屬於自己的擔當,既然躲避不了壓力,就該學會主動擁抱壓力,調節心靈旋鈕,調整對壓力的認識角度和處理方式,以最佳的狀態,帶著飽滿的精力去迎接各種挑戰。

有位父親規定了自己兒子的學習時間和遊戲時間，以培養他專心致志學習的習慣。在兒子學習時，這位父親堅決不允許任何事干擾到兒子，哪怕是妻子給兒子送吃的都不行。

每天固定的學習時間裡，如果兒子不好好地學習，就會受到父親的嚴厲批評。

由於父親的堅持，兒子養成了學習專心致志，效率極高的習慣，為他贏得了更多時間從事運動和社交。

一次只做一件事情，但是一定要把這件事情做好，這樣持續下去才能輕鬆敲開成功的大門。

有些人喜歡一次做幾件事，殊不知在這幾件事之中，思維頻繁切換，思維建立的過程會耗費很多時間，並且事件的成果取決於你「做成」了哪件事，而不是做了幾件事。

人只有兩隻手，不可能一次把所有的事情都一次解決，那麼又何必一次為了那麼多事而煩惱呢？不能立即改變的事情，再怎麼擔心也只是空想，並不能實際的解決問題。

相反的，應該試著一件一件慢慢處理，集中精力一次

21

只做一件事。在做好了這件事之後，再去想另外一件事。這樣既能避免因為不必要的擔憂拖延了事情，又能保證完成的品質，為什麼不試試呢？

　　人生在世，難免遇到各種各樣的壓力，當學會了調整自己，化解壓力的時候，反而會發現壓力變成了一種動力，只要按部就班，它就會不斷推動著你努力前進。

在精力最好的時候
做最重要的事

你曾問過自己這樣的問題嗎:「到底什麼才是我想要的?」或許你會認為這樣的問題只是再平常不過的老生常談,但是你是否捫心自問過:「我到底把多少時間花在了那些我根本不願意做,而且對我也毫不重要的事情上?」

如果答案是肯定的,那麼恭喜你,你離成功不遠了!但是如果你還不曾考慮過這個問題的話,你要知道那些既無趣又不重要的事情是對時間的最大浪費,如果能把這些時間用在更重要或是更有意義的事情上,那該多好啊!

我們每個人的時間精力都是有限的,必須將其用在最重要的事情上。

然而世事紛繁複雜,我們必須學會放棄學會選擇,對任何無足輕重,虛度光陰的事情,堅決說「不!」

　　一家鋼鐵廠的老闆請教大師如何能更好地執行計畫，增加效益。

　　大師遞給他一張白紙說：「請寫下你明天要做的最重要的幾件事。」老闆用五分鐘寫完了。

　　「現在用數字標明每件事對於你和公司的重要性的次序。」老闆又花了五分鐘。

　　大師最後說：「你明天上班第一件事把紙條拿出來，做最重要的事，做完了再做第二項和第三項，直到做完為止。如果只做完了第二件事也沒關係，因為你總是在做最重要的事情。每天都要這樣做，如果你認為這種方法有效的話，讓你的員工也這樣做。然後你給我寄一張支票，你認為值多少就給我多少。」

　　一個月後大師收到了老闆的感謝信和一張二萬五千元的支票。

　　五年後，這個不為人知的小鋼鐵廠成為世界上最大的獨立鋼鐵廠。

　　生活中，我們應首先明白，哪些是最重要的，最需要解決的，然後先處理這些事。

　　對於重要的事情來說，晚做不如早做，因為越晚解決

成本越高。心力交瘁的時候去做，不如精力旺盛的時候去做，因為心力交瘁的時候會加重時間成本，讓你無限期地拖延下去，所以在精力最旺盛的時候完成最重要的事情才是最有效的方法。

把時間留給最重要的事情固然很重要，但是當你展開一項新工作的時候，要先確定什麼是最重要的事情更需要花精力。

然而，分清楚什麼是最重要的事並不是一項容易的事情，我們常犯的錯誤是把緊迫的事情當成重要的事情。

緊迫只是意味著必須處理，比如電話響了必須得放下手邊工作去接聽。

緊迫的事會給我們造成壓力，讓我們立即行動。它們往往有趣容易完成且令人愉快，但卻不一定是最重要的。

只有重要而不緊迫的事才是需要花大量時間去做，它雖然不緊急，但是決定了我們的工作業績。只有養成這種習慣，對最具價值的工作投入足夠的時間，才能提高完成工作的效率。否則，工作對你來說將就是一場無止境的慢跑。

記住，無論你做出怎樣的選擇，久而久之，都會成為一種牢不可破的習慣。如果你選擇了先處理那些瑣碎而不

重要的事情，很快就會養成這個習慣，儘管這不是你所期望的習慣。

萬事起頭難，什麼事都是如此，但是當你習慣了去處理最重要的事，就會順理成章的一直堅持下去。

養成了良好的習慣，你將發現處理起身邊的瑣事越來越輕鬆自在，原本重重困難也會被迎刃而解，會發現每天的生活都是愉快且充實的。

讓自己喜歡上被委派的任務

只要想到自己即將開始處理喜歡的一項工作，你就會動力十足，更不會拖拖拉拉找藉口，而且會馬上就行動。但是我們每天經手的所有工作中，並不是每一項都是我們喜歡的，尤其是上司或老闆委派的任務。

那麼，我們該如何喜歡上自己的工作及被委派的任務呢？安德魯・卡耐基曾說過：「如果一個人不能在他的工作中找出點『羅曼蒂克』來，這不能怪罪於工作本身，而只能歸咎於做這項工作的人。」

要過充實的人生，一種方法是「做自己喜歡的工作」，另一種是「喜歡上自己的工作」。但是能夠從事自己喜歡的工作的人少之又少，大部分人都是勉勉強強從事著現在這份「一點也不喜歡的工作」。對於上級交代的任務永遠充滿著牢騷與抱怨，簡直是把原本精采的人生給白白糟蹋

了。上班這件事，很多人都覺得不如意，不開心。不是覺得付出跟收穫不成比例，就是覺得老闆十分摳門，覺得上班無聊，純粹浪費時間。事實上有這樣想法的人們，都有一個共同的觀念，「我是在為別人上班，為別人工作，我為你服務，我付出勞動，你付我薪水，如此而已。

所以我會計較得失，計較開出的薪水好壞，會因為得到多少決定為這份工作付出努力的多少。」這樣的想法不對嗎？我們先不予置評。

但是可以不妨轉換一下思路，一樣是過日子，為什麼不開心些過呢？所以，從現在起轉換思路跟自己說，我要為自己工作，我工作不是為老闆或是任何人，就只是為我自己。我努力工作，是為了我自己的將來在奮鬥。也許我現在的努力工作看上去是在為他們的事業添磚加瓦，但反過來說，何嘗不是在我自己的事業履歷錦上添花！當你嘗試這樣想，並這樣做的時候，會發現自己會越來越積極。而一旦上班這件事變的積極了，那自然心態也會平和很多，變的更開心，尤其是當收穫也越來越多的時候！

有一個女孩向一位心理治療師抱怨她的工作情況。她是學電腦的，但是她更喜歡做銷售員。

心理治療師問：「如果妳想轉行，妳會為做銷售員而放棄這份工作嗎？」

她說：「我捨不得放棄現在的高薪工作，因為剛買了房子，房貸壓力很大，但是做銷售員卻有很大的風險。」

心理治療師又問：「那妳認為是妳的房子重要呢，還是選擇妳更喜歡的工作重要呢？」

她支支吾吾地說：「房子吧，這是為結婚準備的。」

最後心理治療師建議她：「雖然妳喜歡做銷售員，但因為房子的負擔而沒辦法改變現狀。既然妳有這些擔心，不如就安心做好現在的工作吧。也許，當妳放棄了抱怨，心無旁騖地做好妳的本職工作時，妳就會喜歡上現在的這份工作了。」

總之，開心地享受現在的生活還是唉聲歎氣地抱怨現在的不滿，這一切都要看你的選擇，對於你從事的工作，抱著積極樂觀的態度才能做的更好，只有你比別人做的更好時，才能脫穎而出。如果你能盡自己的最大努力去做自己的工作，堅持不懈地努力下去，勝利總會在某個地方等待著你。

在取得一些
成果之後獎勵自己

當盡力去做一件事，並取得一定成績的時候，不妨自己慶祝一番，為自己鼓勵加油，這樣會讓自己建立起更多的自信。

許多成功的業務推銷員都有這樣的經驗：如果早晨起來心情不好的話，覺得沒信心面對難纏的客戶時，便會把成交率較高的客戶作為首先拜訪的對象。

等先完成幾筆交易，充分培養了自信心以後，再去拜訪其他難纏的客戶。這種方式不但可以使心情變好，還可以確保一天的業績。

實際上，人們所需要的是一種能充實自己的成就感。成功者之所以成功，是因為他們善於不斷培養自己的自信，他們懂得如何「給自己頒獎」。

有一位作家，他靠寫稿維持生計。他為自己定了一個目標，就是每週必須寫完兩萬字。

當完成這個目標的時候，他就去附近的餐館飽餐一頓作為給自己的獎勵。當超過這個目標的時候，就安排行程去海濱度過週末。

於是，週末的海濱沙灘上，常常可以看到他自得其樂的身影。

「給自己頒獎」，完全不同於自我陶醉，而是為了增加自己的信念和自信，更貼切的評估自己的能力和人格。

在戰勝拖延的過程中也是如此。當你在規定的時間內完成任務，而且是保質保量地完成，這更值得讚賞。這時候，千萬不要忘了給自己頒獎。

當你和自己說「能按時完成任務真好」或「我一定能提前完成」時，你的內心被這種內在力量所激勵，帶著這種衝勁工作，必然會減少拖延給你帶來的苦惱。

一家頗具規模的外資人事總監，因為公司管理者大多是外國人，為此他一邊工作一邊讀MBA進修英語。

三年裡，他說自己過的是「別人休息我加班」，「犧

牲自己成全別人」的日子。

他每天工作十小時以上，卻覺得時間仍然不夠用。每天都忙得團團轉，想歇又歇不下，情緒變的很不穩定，心情會突然很沮喪。

才二十八歲的他，已經開始掉髮，經常提筆忘事，入睡困難。

他面色愁苦的說：「相信有過這種經歷的人也不止我一個，我身邊的很多同事也都是這麼熬過來的。有時我覺得無法堅持，每個月工作量的完成甚至好壞都取決於自己的情緒。」

因為急於完成工作，只能逼迫自己不停向前趕，有時覺得難以堅持下去，這是陷入了週期性「職場疲勞」的循環。

一方面覺得工作很麻煩，另一方面又馬不停蹄地去完成工作，連休息的時間都不肯空出給自己。

不妨試試獎勵自己，把自己的工作劃分成幾個小階段去完成。完成後給自己小獎勵，例如：稍事休息，或是買些零食犒勞自己或做自己喜歡的事情等等。

這樣不僅心情會放鬆許多，且能提高自己完成任務的

效率。

　　獎勵自己是一種人生態度。每個人都在為自己的目標不懈的付出努力，付出了許多心血與汗水。

　　成功的時候給自己一個獎勵，那是對自己付出的回報，它表達的是自己對生活的熱愛和勇於進取的人生態度。

不要把「明天」奉為玉律

不要總相信還有明天，如果你一直等待明天，那麼將一事無成。

拖延，永遠是浪費時間浪費生命的惡魔。每天都有當天的任務和事情，昨天有昨天的事，今天有今天的事，明天又有明天的事情。

如果總放著今天的事情不去做，非得留到明天或者以後才做，在不知不覺的拖延中浪費了時間和精力，早就足夠把今天的事情給做好了。

有句名言說：「世上有百分之九十三的人之所以一事無成，是因為拖延殺傷了人的積極性。」

曾有一位職員在年底受到老闆的忠告：「希望從明年開始，你能認認真真地做下去。」

那位職員回答說：「不！我要從今天開始就好好地認

真工作。」

「從今天開始」這是一種與拖延的對決，也是一個人行動力的表現。

任何一個人要想成功，首先就要告別拖延。因為將事情留待明天處理的拖延態度不但阻礙了一個人事業上的進步，更會加重其生活的壓力。

對任何一個人來說，拖延是一種病，會讓人生充滿了挫折、不滿與失落感。

要克服拖延，一方面，要養成今日事今日畢的習慣。曾有人去調查過那些薪水豐厚、迅速升職的人，他發現這其中無論男女，「當天的事絕不拖到明天」是他們共同的生活態度。

這些事業成功、做事極其有效率的人，總是直奔最重要的工作，然後一心一意持之以恆地去完成這項工作，直到全部做完為止。絕不會出現把事情拖到明天再處理的現象。

現在的社會，尤其是商界，你的薪水多少和職務高低取決於你的業績。你之所以能領到薪水，是因為你對自己所在的公司做出了某種貢獻，尤其是及時做出了你應有的貢獻。

　　而大部分的人總是誇誇其談，制定了各式各樣美好的計畫，卻總不自覺地想著「明天再做吧」。於是任務被一再無限延遲，再美好的計畫也變成了鏡花水月。

　　要讓自己立即行動起來，平時就應當養成這樣一種習慣：用自我激勵的方法讓自己「立即行動」。

　　對某些小事做出有效的反應，這樣一旦發生了緊急事件，或當機會到來的時候，你同樣能做出這樣的良好反應。

　　一位學生，藝術大師曾說他天分欠佳。但是他十分勤奮，從來不讓任何一個想法溜掉，當他產生了新靈感的時候，他便立刻把它記下來，即使是在深夜，他也會這樣去做。

　　他的這種做法已經成為習慣，所以十分自然，毫不費力。對他來說，這就像是你想到一個愉快的念頭時，你就不自覺地笑起來一樣自然。

　　最後，這位學生也成為一位令人敬仰的高產量的藝術大師。

　　每個人都有夢想，可是有人的夢想實現了，而有些人

的夢想卻荒廢了，這其中很重要的原因就是有的人在夢想面前不停拖延，而有些人卻能立刻採取行動。

　　要知道，在成功的路上，不僅得有夢想，還得有一定要成功的決心並且配合確切的行動，堅持到底，這樣才能最終實現自己的夢想。

懶惰只會讓你
一事無成

懶惰從某種意義上說就是一種變相墮落，它就像一種精神鴉片，在不知不覺中慢慢地侵蝕著你。懶惰集中表現為拖拉，就是我們說的拖延，具體來說是可以今天完成的事不立即完成，今天推明天，明天又推後天。

現在許多大學生奉行「今天不為待明朝，車到山前必有路」的信條，結果事情沒做多少，青春卻在這無休止的拖拉中被消耗殆盡了。

有個懶漢，什麼都不想做，因此誰都不願意雇傭他。時間一長，日子過不下去了，只好求別人替他找個最輕鬆的工作做做。

那人想了一下，說：「這樣吧，你去看墳吧。說實在的，沒有比這工作更輕鬆的了。

懶漢很高興，但去了沒多久，他又氣呼呼地回來了。

「你為什麼回來了？」介紹他去的人問。

「我不幹了，這工作也太不公平了，人家都躺著，只有我一個站著。」

有些人終日遊手好閒、無所事事，無論做什麼都捨不得花力氣、下工夫，但這種人的腦袋可不懶，他們總想不勞而獲，總想占有別人的勞動成果，他們的腦袋一刻也沒有停止活動，一天到晚盤算著如何去掠奪本屬於他人的東西。

正如肥沃的稻田不生長稻子就必然長滿茂盛的雜草一樣，那些好逸惡勞者的腦子中，就長滿了各種各樣的「思想雜草」。

有位很懶惰的婦人，後來她的丈夫去世，因為還要獨自撫養兩個孩子，於是她被迫去工作賺錢。

她每天照顧子女，把子女送去上學後，利用剩下的時間替別人料理家務。

就這樣，她懶惰的習性被克服了。後來她發現很多婦女外出工作，無暇整理家務，於是她靈機一動，買了清潔

39

用品，為有需要的家庭整理瑣碎家務。

　　就這樣日以繼夜地工作，終於使得訂單滾滾而來。而現在的她，已經是好幾家清潔公司的老闆了。

　　生性懶惰的人大多不可能在社會生活中成為成功者，他們註定是失敗者；因為成功只會光顧那些辛勤勞動的人們。

　　懶惰是一種惡劣而卑鄙的精神包袱，人們一旦背上了這個包袱，就只會整天怨天尤人，精神沮喪、無所事事。如果你不幸的變成了這種人，那就註定你無法成為比別人優秀的人。

　　總之，懶散的習慣是人身心健康的大敵，一旦陷入懶散狀態，對一個人的工作和學習都會造成莫大的危害，因此必須加以克服。

　　克服懶散需要有積極的生活態度和明確的生活目標，在此基礎上，為了自己的健康快樂與長壽，同時也為了家庭的美好與幸福，每個人都必須有健全的心態、清醒的頭腦和適合自己的鍛鍊方法，讓我們一起將懶散驅逐出我們的生活吧。

勿讓等待
妨礙人生

想要做出一番事業，就要拒絕等待，珍視每一分鐘。等待者的悲劇就是浪費昨天卻又對明天充滿幻想。無論在生活中還是工作中，把任務無限期的延後，但這樣只會加重自己的壓力且陷入一個無限拖延的循環之中。

有人說，等我有時間了，要帶著爸媽環遊世界；等我有錢了，要好好孝敬父母，讓他們買任何東西時不再猶豫，買他們最喜歡吃的糕點；等不忙了，我就去陪他們……但是，等你有時間、有錢了，還來的及嗎？

不要等到爸媽身體都差了才想起還沒帶他們出去旅遊過，等他們離開了才想起原來有那麼多想回報爸媽的事情都還沒來得及做。

其實爸媽很容易滿足，有時候一通電話，一句問候，一頓團圓飯，送上一杯熱騰騰的茶，在陽光燦爛的日子能

陪他們到戶外散散心，他們就心滿意足了。

趁著爸媽還健康的時候，趕緊孝敬爸媽吧，勿造成終身之憾！

十八歲時讀大學，你說你的理想是環遊世界；二十二歲讀完大學，說工作以後再去；二十六歲工作穩定，你說等買房子以後去；三十歲有車有房，你說結婚了再帶老婆一起去；三十五歲有了小孩，你說等小孩大一點再去；四十歲孩子大了，你說退休以後再去。六十歲時退休，你卻因為身體不好不得不放棄環遊世界的夢想了。最後，你哪裡也沒有去成。

人們經常意識不到自己的拖延，且認為「我只不過是將這件事晚點做而已」，但是就在這「再晚點就做」的不斷循環之中，已經造成了時間上的浪費以及懶惰的養成。

總之，及時避免生活中種無限讓自己等待讓別人等待的發生，讓自己更積極地去面對想做的事情，這樣自己會覺得生活很充實，且慢慢會累積一種及時完成任務的自信。

另外，身體是革命的本錢，健康是事業的基礎。沒有健康的身體，即使擁有再多財富也沒有用。而且當健康離你遠去的時候，再多的金錢都買不回。這道理誰都明白，

但往往做起事來就糊塗了。

　　當生命時針快指向零點，想要回頭重走健康之路時，上天在你身後早已高聳起一塊醒目的牌子，上面寫著七個大字：**人——生——不——售——回——程——票**！後悔，已經來不及了。

　　還在等什麼呢？每天抽出一點時間鍛鍊吧！每天鍛鍊一小時，健康生活一百年。從現在開始，為自己的健康累積本錢。

Chapter 2

從抑鬱的
泥淖中走出來

WE ARE ALL DOING WELL

擺脫「認同」上癮症

人們常因為別人的不滿意而煩惱不已，我們費盡了心思執著於別人的認可，而不得不小心翼翼的生活，即便是這樣還會有人對我們的某些行為不滿意，受到他人干擾的你又開始傷神。

很多時候，我們忙活工作或者生活其實花不了太多的時間，只是我們將大量的時間都花在了處理如何達到別人滿意的這些事情上，所以身體累，心也累。

當我們遇到困難或者疑惑的時候，想找朋友談談自己的決定，這是可以理解的，這可能很有幫助。

可是，如果我們不斷地尋求確認和肯定，不僅給人沒有主見的感覺，而且還會導致別人的厭煩。

有個年輕人去做鞋，鞋匠問他是要方頭鞋還是圓頭鞋。

45

但是他不知道想要怎樣的鞋，好像哪種都好，但是哪種又都不好。

於是他回去問了朋友的意見，朋友裡有的說圓頭好看，有的說方頭鞋好看……這讓他更猶豫不決了。

最後鞋匠對他說：「兩天後來取鞋吧。」

兩天後他去取鞋的時候，發現一隻鞋子是方頭的，另一只是圓頭的，他感到很納悶。鞋匠說：「既然你不能決定，那就由我幫你決定。這是給你一個教訓，就是千萬不要讓別人替你做決定。」

後來年輕人每次處理事情的時候，總會想起這件事，他深深懂得，自己的事一定要自己拿主意，否則就把決定權拱手讓給了別人。

一旦別人做出了糟糕的決定，也只能由自己來承擔。

心理學研究發現，每個人都希望從別人那獲取確認和肯定，總喜歡別人對自己的認同多一點，這樣才安心。

一旦自己的言行得不到別人的認可，便憂心忡忡。別人的意見可以參考，但是自己必須進行全面權衡，畢竟最後的決定權掌握在你的手裡。

如果每次都猶豫不決，只會讓別人留下一個優柔寡

斷、做事沒有決斷的印象，這對於領導者來說尤其糟糕。

有一位作家，他擅長寫玄幻類小說。他每次寫作完了都會拿去給別人看，徵求別人的意見，希望得到認可。

有人說：「你寫的小說太不現實啦，我喜歡現實類的小說。」

於是作家在自己的小說裡加入了現實元素。

有人說：「這小說的結局太慘啦，我更喜歡童話一樣的結局。」

於是作家把小說的結局改成了童話般美滿。

有人說：「我平時都看愛情小說，你這小說裡的愛情故事太少。」

於是作家又在小說裡加入了大量愛情橋段。

結果可想而知，作家的小說變成了「四不像」，誰都不喜歡看。

世界是一樣的，但是每個人的眼光都不同。不必花大量心思去讓每個人都滿意，因為「讓每個人都滿意」這種狀態基本上是不可能達到的。

如果一味追求別人的滿意，不僅自己心累，還會在生

活和工作中失去自我。

　　有時候徵求別人的意見，再根據別人的意見修改自己的作品是好事。但是如果過分依賴別人的認同，就會失去自己的堅持和判斷力。

　　相信自己，無論你的決定正確與否，只有擺脫「認同上癮症」，才能讓你的生命更精采。

戰勝可怕的
愛無力

愛是一種能力，也是一種藝術。但是，現在越來越多的人卻失去了這種能力，原因在於他們都不同程度地患上了「愛無力」。

所謂的「愛無力」是指一種對於戀愛行為表現出相當委靡，缺乏起碼主動的心理。患有「愛無力」的人不僅不能對情感生活投入必要的熱情，而且在異性面前，他們也會表現出恐懼和冷漠。即便是面前站著心愛的女孩/男孩，他們仍然「不來電」「沒感覺」。

「愛無力」是一種嚴重的情緒抑鬱，所以會給人們的生活帶來很多危害，如減弱學習動力，妨礙工作效率，甚至會破壞人們的創新思維等等。

有一位大學生畢業之後一直在村子裡工作，他做的是

IT行業。四年了，也一直是做程式員，所以他很快就習慣了獨來獨往的生活。

與女朋友分手之後，除了偶爾與大學的同學一起吃飯之外，他還上網聊天，見網友也成為他生活中的一個重要部分。

但是他每次見到網友都很失望，於是，他對感情絕望了，到最後，他便對感情的事情沒有了任何想法。

周圍的同事和朋友經常拿他開玩笑，他也感覺到自己已經失去了與異性交往的興趣，他感覺到了痛苦，但是卻沒有辦法改變。

愛無力多表現在都市男女對愛情的冷漠，他們共同的特徵就是覺得自己沒有能力去愛別人。但是人生需要愛需要激情，這些最原始最內在的東西不能因為一些外因就被擱置一邊，讓自己成為「愛無力」是可怕的。愛是一種能力，是可以培養和訓練的。

如果有一天你覺得自己對愛情徹底失望了，但是你身邊的朋友和親人不斷地鼓勵你、告訴你身邊除了愛情，還有親情和友情。不管什麼時候，就算你什麼都沒有了，至少你身邊還有親人還有朋友，在你一回頭就能看到的地方

始終等著你。

　　你難道不受鼓舞嗎？在這樣的情況下也許就能重新振作起來了，學會了微笑面對生活，學會了更加去愛生活，並且更加關心身邊的親朋好友，人也變的更陽光和積極。在這樣的一種生活狀態下，還愁沒有新的戀人嗎？

　　所以，當我們感覺出現愛無力的時候，要透過自己心理上的調節，擺脫那種「不敢愛」的負面思維，重新投入充滿親情和友情的生活中，學會積極向上的面對人生。久而久之，對愛情的恐懼也就不那麼強烈了。

正確地
看待自己

　　生活中，你雖然沒有別人英俊瀟灑，但你可能身體強壯；你雖然不會琴棋書畫，但你可能思維敏捷，邏輯清晰……上帝不會給別人全部，但他絕對不會虧待你，所以要做自己的伯樂，發掘自己的潛能。要學會正確看待自己，因為你永遠不可能成為別人。尊重，正確地看待自己，是對自己的一種自信，是從內心深處願意相信自己的能力。

　　五歲那年，他因為不慎碰觸到了變壓器而失去了雙臂。從此，所有人都認為他長大後會成為一個廢人。因為他們家在農村，對於一個要靠繁重的農務來維持生計的農村人來說，失去了雙臂，就意味著失去了勞動能力，只能靠別人養活。

　　但是他認為，別人能用雙手完成的工作，雖然自己沒有雙手，但一樣能做的到。他開始學著用肩膀、用腦袋、用腳去完成。

　　自從失去雙臂後，他遭受過無數人的冷嘲熱諷，但他沒有為此掉過一次淚，他認為，這個世界上只要別人會做的事情，沒有一樣他不會做，他沒必要為失去了雙臂而自卑。就這樣，他用肩膀夾著自行車頭學會了騎自行車，儘管為此摔掉了一顆牙。他用肩膀夾著鋤頭鋤地、澆水、洗衣服、鋸木、紮掃把和編竹籃，一些農活他甚至做得比普通人還要好。

　　有人說：「別太把自己當回事。」但仔細分析，「不把自己當回事」不行，「太把自己當回事」也不行，關鍵是個「太」字，「過與不及」皆不可取。

　　如果別人不把你當回事，你一定要把自己當回事。別人不把你當回事，說明別人不瞭解你，或許對你有誤解，或許還在觀察你，也或許你的才能和人品未被人發現。倘若別人把你當回事，你務必保持頭腦清醒，「戒驕戒躁」，不要沾沾自喜。

　　大部分的人都覺得自己不夠好、不夠完美，努力去爭

取別人肯定的眼神和讚賞，大部分的人渴望以財富、權力的占有來掩飾自己內在的不好和不完美，但是在這追逐中，你失去的是對自己的正確認識。

世界上只有少部分人實現了他的所有計劃和目標，所以你不必為自己的成績不夠多就誤以為自己的努力不夠而自責。你需要看到自己做得好的方面，從生活、家庭、工作中找回信心和價值。

有部分的人覺得自己高人一等，無時無刻都是自信滿滿的樣子。實際上越是這樣驕傲的你，就越容易陷入別人設下的圈套之中。你所知道的知識只是這個世界上很小的一部分，更多等待你的是未知，而你在這未知的世界裡是無知的。此時，你需要保持謙遜的態度，不斷學習不斷進取，每天發現自己的不足並加以改正，不要沾沾自喜。

成功來自
高層次的需求

為何一個人能取得成功，不是取決於一個人才能的高低，而是取決於他有多高層次的需要。

在一般情況下，人們會先滿足自身的生存條件後再發展，所以人低層次的生理需要、安全需要比高層次愛的需要、尊重的需要來得更加強烈。

而實現自我的需要，一般要在前面四個層次的需要得到基本滿足之後才會產生。

比如一個食不果腹的人是不會去想獲得更多尊重和名望的，他首先想的是怎麼填飽自己的肚子。而當一個人不愁吃穿的時候，他才會去考慮如何獲得別人的尊重，如何更好地實現自我。

但是有些人由於長期沒有得到低層次需求的滿足，可能會永久地失去對高層次需要的追求。

從成功的角度來說，高層次的需要推動大成功，低層次的需要推動小成功。

有位肥胖、沮喪的家庭婦女，她一直覺得鬱鬱不得志。有一天，她忽然覺得自己不該再繼續這樣消沉下去，於是決定改變自己。她找到了一份推銷工作，沒過多久就取得了不錯的銷售業績。

不斷取得的進步使她萌生了開拓電臺市場的欲望，她立刻與電臺經理聯繫，但經理無數次地拒絕了她，連見她一面都不願意。

她索性在電臺經理辦公室對面「安營紮寨」，直到這位經理同意見她為止。

最後她取得了自己訂單，在業務上逐漸成熟的她又開起了自己的公司，還當上了總裁。

對高層次需求的追求，便是打開成功之門的金鑰匙。如果沒有不斷成長，不斷提升的欲望。

那麼即使機會擺在你面前，即使你有足夠的才能，也難以獲得成功。

可以這麼說，一個不渴望成功，對成功沒有抱著強烈

希望的人，是永遠也不可能有成功的那一天。

有一位直銷員，他原先的業績一直不錯，但最近幾個月裡業績卻直線下滑，於是經理找他談話，並規定說在下十個客戶中至少得做成三筆交易，否則要他走人。

他打起精神，在心裡默念：「我今天一定能把這筆生意做成！」

這讓他帶著更加熱情積極的心態去介紹產品，用更堅定的自信心去感染對方，結果十筆生意裡他做成了八筆。

其實這些似乎都是從「不可能」開始的，「我今天不可能做完這些事情吧」，「我現在這種狀態不可能做好任何一件事」，「我這輩子不可能變成富翁」，但是穿過開始和結局之間那個充滿拼搏奮鬥、挫折失敗和一個個小成功的漫長過程，我們會發現這句格言總是會得到證明，那就是：欲望可以改變一切。

一個人如果滿足一種過於平庸的生活，這將是一件多可悲的事情！因為，他對人生中更偉大、美好的事物竟然完全無動於衷。

當你滿足於現有的生活和工作，滿足於現在的思想和

夢想，滿足於現在的境況和追求的時候，那就代表，你已經在不知不覺中慢退步了。

在你頭腦中也有自我實現的鑰匙，在你身後也藏著無數願望，把它們發掘出來加以培養，轉化成強烈的欲望，那麼這就是打開成功之門的另一把鑰匙。

從內心
找到樂觀

在日常生活中，你經常會遇到各種麻煩和困擾：工作不稱心，事情處理不公平，經濟條件不寬裕，健康欠佳，期望中的事情落空，好心卻沒得好報，挨批評受冤枉等等……。

你是否會因此而心情不好呢？也許你會回答，這不是廢話嗎？輪到誰，誰不鬱悶啊？

人的一生中，總有順境與逆境、快樂與悲傷、理想與現實交相呼應。如何面對每天所發生的一切，關鍵是我們內心的態度。一切的成功與幸福的感覺，都是由樂觀和希望的向上心理產生與造成的。

樂觀不僅僅是一種積極的性格因素，更是一種生活態度。身患疾病的人，如果消極悲觀，可能會加重病情；如果能積極、堅強面對，反而較能戰勝疾病。

　　同樣的，在工作和生活中，很多事情也是如此，樂觀情緒總會帶來快樂明亮的結果，而悲觀的心理則會使一切變的灰暗。

　　無論在什麼情況下，即使再差也保持良好的心態，也要相信壞事情總會過去，相信陽光總會再來的心境。

　　在二十世紀的早期，美國一家鞋廠為了開發新市場，分別派兩名業務員前往非洲考察當地市場。

　　第一位到了非洲，發回的電報內容是：「很糟糕！一點希望也沒有，因為這裡的人壓根就不穿鞋子。」

　　而第二位發回的電報內容是：「太好了！市場潛力巨大，因為這裡的人都沒有鞋子穿。」

　　擁有樂觀心態的人，他們遇到問題不會輕易放棄，因為他們懂得放棄必然導致徹底的失敗。

　　而心中悲觀的人，很可能還沒遇到挫折心裡已經打起退堂鼓，當遇到困難的時候，更是消極怠工覺得人生沒有希望了。

　　「樂觀」兩個字說起來簡單，但是真正要做到並不是那麼容易。首先，你得在黑暗中發現光明。

有人說：「天黑的時候，星星就要出現了。」如果你覺得保持開朗，在內心裡找到樂觀不是那麼容易，那麼你就儘量和樂觀的人交朋友吧，他們積極向上的人生態度會感染你，讓你在不知不覺中變的樂觀。

有位父親無意中看到自己九歲兒子的日記，其中一頁寫道：「今天我雖然考得很差，但是吃晚飯時爸爸慈愛地看了我一眼，我備受鼓舞，我決定要以後好好學習！」

父親立刻回去翻自己的日記，卻發現那天他自己寫的是：「今天兒子考得很差！他卻毫無悔改的意思，我在吃晚飯的時候狠狠瞪了他一眼！」

父親大驚，又翻到一頁，兒子的日記本上寫著：「隔壁叔叔的小提琴拉得越來越好了，以後我也要學習拉小提琴。」

父親翻回自己的日記，赫然寫著：「真是吵死了！隔壁又在拉小提琴！真是擾民又難聽！」

父親感到很羞愧，從此改變心態，積極面對生活，其出版的漫畫也大獲成功。

你改變不了環境，但可以改變自己。

你改變不了過去，但可以改變現在。

你改變不了事實，但可以改變心態。

你不能決定生命的長度，但你可以控制它的寬度。

不求事事順心，但你一定要有樂觀的心態。當你擁有這樣的心態，結果就會隨之而變！

取悅世界前
要取悅自己

你每天想得最多的事情是什麼呢？今天怎麼讓老公和孩子開心？今天怎麼讓上司滿意？今天怎麼讓朋友更理解你？……這些事情不是不重要，但是想這些事情之前，不妨想想，今天我自己開心了嗎？如果自己都不開心，那麼怎麼能期待這個世界因為自己而變的開心呢？

每個人心理都潛意識的需要一種被認同感和存在感，希望被別人讚賞被別人認同與喜歡。

於是這種心理驅使著你去做很多，甚至是自己都不樂意去做的事情，好能取得別人的更多認可。內心強大的人都懂得，在取悅別人之前一定要取悅自己，當自己足夠開心，足夠強大了，那種幸福的氣場就會感染身邊每個人，會讓別人不由自主地想親近你。

有位女子剛結婚，她母親就對她說：「要想抓住老公的心，就得先抓住他的胃。」

於是女子開始學習下廚，可惜她實在沒有任何做菜天賦，老是把廚房弄得一團糟，讓自己覺得很沮喪，老公也安慰了她很久。

後來女士放棄了做飯，而是請廚師代勞，她自己則打扮得漂漂亮亮地陪老公吃飯，她說：「我幹嘛要拿我不擅長的事跟自己過不去呢？現在這樣我們倆都很開心呀。」

而老公也並沒有因為老婆不做飯而嫌棄她，反倒覺得老婆很體諒彼此，日子過得幸福和睦。

「先讓自己開心起來」這種想法看起來很「自私」，可是事實上，當你真的讓自己過得開心之後就會發現，你的親人和家庭，你周圍的世界並未因為你的「自私」而變的糟糕。

相反的，正因為你活好了自己，他們也分享了你的快樂、幸福和成功，你所能給予家人和世界的，將會更多。簡而言之，人們都更喜歡看到快樂開朗的你，而不是愁眉苦臉委曲求全的你。

有個小孩對母親說：「媽媽，妳今天特別漂亮。」

母親問：「為什麼呀？」

小孩說：「因為媽媽今天沒有生氣。」

　　你總以為自己把自己的壞心情收拾得很乾淨，即使對某個人心生厭惡表面上也不露蛛絲馬跡，但是你忘了，你每天生活的任務不是要討別人歡心使別人滿意，你只需要讓自己開心，就這麼簡單。

　　心理學研究發現，長時間地壓抑自己的情緒去刻意討好某些人或做某些自己不喜歡的事，會在心裡慢慢累積厭惡煩躁的情緒，當某個導火線讓這種情緒再也無法克制住的時候，這種壞情緒就會全面爆發出來。

　　與其這樣等待壞情緒的爆發，還不如去掉身邊的這顆定時炸彈，每天做些讓自己開心讓自己滿足的事情，這樣才有力氣有心情去讓身邊的人也開心。

　　小時候我們總喜歡去想人生的意義，但是現在，在人生裡過了很久之後，才發現原來它的意義就在於好好愛自己，愛該愛的人，做一個對得起自己的人。

養成
幸福的習慣

幸福是一種感覺，一種美妙的發自身心的感受，我們要學會把它變成一種習慣，養成幸福的習慣，培養鍛鍊積極的情緒，這樣才能更好地在困難與逆境中感受快樂與幸福。

一個清晨，在臥鋪車廂的盥洗間裡，有幾個男士正擠在鏡子前刮著鬍子。

就在此刻，突然有一個面帶微笑的男人走了進來，他愉快地向大家道早安，但是卻沒有人理會他的招呼。

之後，這位男士做好刮鬍子的準備工作後，一邊刮著鬍子，一邊旁若無人的哼著歌曲，神情愉悅自然。

他的這番舉動令旁邊的男子很不高興，於是這人帶著諷刺的口吻對他說道：「喲！你這是遇到什麼好事了？」

男人回答著：「我還沒遇到好事，但是我有預感將會有好事發生。」

然後，他又說道：「我已經把讓自己幸福當成習慣了，這樣的心態使我每天都有好事情發生。」刮完鬍子，他就哼著歡快的歌曲回去了。

聽到他這麼說，洗手間裡刮鬍子的男人們都沉默了。

是啊，你每天都在想著工作不順心，孩子不懂事，上司愛挑你毛病，朋友不關心你，於是急著給自己下了一個定義「我不幸福」。

殊不知幸福與否是取決於你的心態，心情愉悅了，幸福也就來了。看著天空覺得天氣特別好，看到孩子覺得他今天又長高了，看到上司覺得他正用讚賞的目光看著你，看到朋友覺得朋友時刻在身邊支持你。這一切不都是幸福的事情嗎？

那麼，如何培養幸福的習慣呢？你會覺得這是道難題嗎？其實學習新的方法，建立新的習慣，或者打破舊的習慣甚至比我們想像的還要困難，所以大多數人嘗試改變都是以失敗收場。

事實證明，在履行我們承諾的時候，即使這些承諾對

我們有益，僅僅依靠自律也是遠遠不夠的。

　　心理學研究證明，人一般抵制建立習慣性行為的原因，常常是覺得它們會限制自身的主動性和創造性，特別是諸如安排固定的時間開會，或規律性的閱讀等等。

　　事實上，如果我們不把活動當成習慣和規律，而是自己去喜歡這件事，那麼也能慢慢建立起讓自己幸福的習慣。

　　有位女生立志要嫁給英俊富有的他。於是她為了他而努力，他喜歡短髮的女生，她便把留了很久的長髮剪掉，他喜歡吃料理，她就專門學習料理。

　　最後他真的娶了她，但是她卻沒有想像的那麼開心，反倒整天擔心丈夫會移情別戀。

　　果然，不出一年，丈夫移情別戀了。後來，她從打擊中慢慢清醒過來，慢慢蓄起長髮，買自己喜歡的衣服，煮自己愛吃的飯菜，報名了鋼琴班學習鋼琴，偶爾去喝喝咖啡，她的重心慢慢變成了如何讓自己幸福。

　　在不知不覺中，她漸漸開心明媚起來，此時丈夫越來越發現她的個性與美麗，反倒回到了她身邊。

　　因為積極，所以幸福，因為消極，所以不幸。如果你覺得自己很幸福，那麼你就是幸福的。如果你覺得自己很不幸，那麼即使再幸福你也會漸漸變的不幸。

　　潛意識裡的想法會潛移默化的形成一種定勢思維，尤其是不好的思維會影響你的工作甚至是生活。相信幸福，積極生活，這樣你會發現自己很幸福，身邊的人也很幸福。

依靠自己
擺脫被動的命運

你有想過這樣一個問題嗎？你現在的生活是由你自己掌握嗎？還是，你只是過著身不由己的生活呢？你以為你成熟了懂事了學會一切了，但事實上，你還沒有成熟。

在每個人的成長道路上，想要獲得心智的成熟，必須勇於突破自我界限，很多人的一生都未實現這種突破。也許你看起來成熟，也小有成就，但你甚至從未擺脫對父母的依賴，從未獲得真正的獨立。特別是當父母離自己而去時，你對生活表現出的只有無所適從。

有一個來自富裕家庭的孩子，他的父母殷切地把他送入他哥哥也在就讀的貴族中學。但是他覺得那裡和他格格不入，似乎哪裡都很正常，但是哪裡又都不對勁。除了努力追趕哥哥之外，他貌似沒有別的選擇。

　　雖然他過了兩年半看似充實的生活,但是實際上,他卻越來越消沉。他開始沉迷於睡覺,似乎睡覺才是最舒適最安全的。

　　那年暑假,他回家和他父母嚴肅的抗議,說再也不願回到那所學校。父母驚慌失措的帶他去看心理醫生,心理醫生證實他已患上輕微的抑鬱症。

　　在生活中,每天會經歷一些不同的變化、不同的人、不同的事、不同的感覺等等,這是一種成長的過程。心理的成熟不可能一蹴而就,有時會小步跳躍,偶爾也會出現意想不到的大步跳躍。

　　有一個人,他在十九歲那年,因為一次滑雪出現意外,導致頸部以下全身癱瘓。自此以後,這個高大英俊的年輕人變成了一個只能搖頭的殘疾者,終生得依靠輪椅生活。

　　一天晚上,他獨自在房間中品嘗絕望的痛苦。他盯著空白的牆壁,感覺自己的生命就像它們一樣空虛。他坐著輪椅來到戶外,看到遠處的城區正掩映在落日的餘暉中。此刻,他忽然想到自己的大腦很好用,能夠獨立吃飯穿

衣，甚至還能微笑。「我也要做一個完整的人，我要工作。」他對自己說道，「受傷前我有十億個機會，而現在我還有五億個。」

結果怎樣？他不僅學會了駕駛飛機還拿到了工商管理碩士。

人的心理上傾向過於相信與依賴外在力量，總期望貴人相助或是借助外力來改變自己的命運，否則就活在被動的生活中，其實這都是不切實際的。

貴人不會每次都出現，外力能影響你的生活但是無法改變你的命運。你的命運是掌握在自己的手上，只有挖掘出自己潛在的改變命運的力量，你才能透過這種力量把自己推向成功。

別讓自己的
不滿升級

人生過程中會遇到情緒所迫的無奈、無可避免的事物、考慮欠缺的差錯。這時,就需要你用善意去寬容別人,寬容生活。

寬容與刻薄只有一步之遙,然而邁出這一步,需要人擁有足夠的胸襟和氣度。如果你老是訴說自己的不幸,時間一長,所有的聽眾也會厭煩。

對於他人來說,一時聽你訴說你的不幸會產生同情和理解的情緒,但是次數一多,便會覺得厭煩。對於抱怨者自己來說,老是抱怨自己的不幸,只會覺得自己更不幸,反而加重自己的不滿程度。

有位學化工的大學生,剛畢業沒有什麼工作經驗。人力銀行、職業介紹所沒少去,可是找了很多單位也沒成功。

他有些心灰意冷了：「大概我天生就是個廢物吧。」

為了自己能繼續在這個城市生活下去，他只好瞞著遠方的家人找了一份在小飯館洗盤子的工作，每天都很累且薪資很低。

難道就要這樣下去嗎？什麼時候才能實現自己的理想呢？他覺得非常痛苦，也不斷地找以前的老師與同學傾訴，一開始那些老師與同學替他著急也為他出主意，但是他總心灰意冷打不起精神。

慢慢的，那些老師與同學也不再聽他抱怨跟為他介紹工作了。

而他仍舊做著洗碗的工作，每天都覺得非常苦惱。

人在遇到不開心的事情的時候，心理上會傾向跟人傾訴、抱怨，這是人的一種劣根性。

但是如果你習慣或依賴於抱怨，那麼在無數次的抱怨中你失去的不僅僅是你的時間和耐性，不知不覺中流失的還有你的朋友和關心你的人。為什麼不去試著減少抱怨去找解決問題的方法呢？問題能解決不是比抱怨來的更有效且更能讓你開心嗎？

積極的心態，產生激勵作用；消極的心態，產生消極

的作用；不同的心態，演繹著不同的人生。

　　有一位哲學家，當他單身的時候，和幾個朋友一起住在一間小屋裡。儘管生活非常不便，但是他一天到晚總是樂呵呵的。

　　有人問他：「跟那麼多人擠在一起，有什麼快樂的？」

　　他說：「朋友們在一起，隨時都可以交換思想、交流感情，這難道不值得高興嗎？」

　　過了一段時間，朋友們一個個相繼成家，先後搬了出去。屋子裡只剩下哲學家一人，但是每天他仍然很快活。

　　那人又問：「你一個人孤孤單單的，有什麼好高興的？」

　　「我有很多書啊！每本書都是老師。和這麼多老師在一起，時時刻刻都能學習，這怎能不令人高興呢？」

　　後來，那人遇到哲學家的學生，問道：「你的老師總是那麼快樂，可是我覺得他每次所處的環境卻並不好啊。」

　　學生笑著說：「決定一個人快樂與否，不是在於環境，而在於心境。」

　　為什麼成功的人總能克服困難，解決問題，獲得事業的成功呢？因為他們能夠正確地對待問題和困難，能及時調整自己的心態，不會讓自己總處於不滿的情緒之中。他們不被困難所嚇倒，也不會只是抱怨困難。即使問題再多，困難再大，對於他們來說，都能得到解決。

　　你呢？準備好如何解決困難了嗎？

自尊心太強
容易遭到傷害

如何正確地對待自己和對待別人，一直是個說起來簡單做起來困難的事。謙虛卻不自怨自艾的人之所以讓人喜歡，是因為這種人的自尊心恰到好處，既不會錙銖必較的傷害到別人，也不會過於軟弱對自己沒有信心。他們知道如何尊重以及正確對待自己和對待別人。

自尊的第一根支柱是自我接受，而有些人秉持完美主義連自己都不能接受，他們無法接受一個不完美的自己，於是拒絕承認自己就是這個樣子。

當然，他們更不能接受不完美的其他人，他們擁有極強的心理防禦，難以容忍別人的批評和指責，這讓別人很難和他們成為真正的朋友。

有一個博士生被分到一家研究所，成為所裡學歷最高

的人。有一天他到單位後面的小池塘去釣魚，正好正副所長在他的一左一右，也在釣魚。他想，與兩個本科生有什麼好聊的呢。不一會，所長放下魚竿，「登登登」從水面快步如飛的跑到對面上廁所。

博士嚇了一跳，水上漂？這可是一個池塘啊！過了一會，副所長也站起身，走了幾步，「登登登」飄過水面去上廁所。這下博士生更是驚訝：「難道我到了一個高手聚集的地方？」

這時博士生也內急了，但是回研究所上廁所又太遠，怎麼辦？博士生不願去問兩位所長，憋了半天後也往水裡跨：「我就不信我不能過！」於是他栽進了水裡。

原來池塘裡有兩排木樁，因為下雨漲水正好埋在下面。而博士在意自己的面子和自尊沒有問，因此喝了一肚子水。

高學歷只能代表過去，只有學習能力才能代表將來。尊重有經驗的人，才能少走彎路。在人際交往中，你也要找到一種合適的態度來面對自己的生活。無論如何，錯誤在所難免，你必須拋掉多餘的自尊，帶著謙虛的心態工作和生活。

俗話說：宰相肚裡能撐船，將軍頭上可跑馬。這是何等的胸懷，多寬廣的胸襟！

有一位自主創業的總裁，在他接受採訪談起成功之道時，他說這一切源於一次拜訪。在他年輕的時候，一位老前輩請他到一個低矮的小茅屋中見面。他挺起胸膛，大步走去，一進門，「砰」的一聲，額頭重重地撞在門框上，頓時腫了起來，疼得他哭笑不得。

老前輩看到他這副樣子，卻笑了笑說：「很疼吧？你知道嗎？這就是你今天最大的收穫。一個人要想洞察世事，練達人情，就必須時刻記住低頭。」

他把這次拜訪當成一次悟道，他牢牢記住了老前輩的教導，把謙虛列為他一生的生活準則。

每個人都有自尊，但是把自己的自尊過於放大就會傷害到別人，也對自己無益。若因為自己的自尊就對關心、在乎你的人隨意說出傷害的話語，那麼不止身邊的人無辜受了你的傷害，你心裡也不好過。

Chapter 3

找回恐懼
掠走的那些美好

WE ARE ALL DOING WELL

過分恐懼會產生
致命的傷害

有健康機構將恐懼定義為「對特定物品或形勢的緊張和不合邏輯的恐懼」。恐懼的一般來源包括狗、電梯、隧道、高速駕駛和飛行等等。

產生恐懼的原因是因為未知，比如你不知道飛機是如何保持在空中的，或者你覺得飛機經常失事，雖然事故和死亡這樣的情況很少出現，但是你也許會因為這種擔心而犧牲掉去遠方旅行的快樂。

恐懼是每個人都會產生的心理狀態，在不同的情況下會產生不同的反應程度，但是如果過分恐懼的話，那麼失去的不僅僅是一個機會，一次旅行，而將是你的人生。

二十世紀的七〇年代，中國科技大學的「少年班」非常聞名。在當年那些出類拔萃的「神童」裡面，就有今天

的微軟全球副總裁、IEEE最年輕的院士張亞勤。但在當時，中國大多數人都只知道寧鉑的名字。二十年過去了，寧鉑悄悄地從公眾的視野裡消失了，而當年並不知名的張亞勤卻享譽海內外，這是為什麼呢？

張亞勤和寧鉑的區別，主要在於他們對待挑戰的態度不同。張亞勤在挑戰面前勇於進取，不怕失敗，而寧鉑則因為自己身上寄託了人們太多的期望，反而覺得無法承受，甚至沒有勇氣去爭取自己渴望的東西。就是因為這份恐懼，寧鉑放棄了心裡的願望。最後默默無聞地過著平淡的日子。

恐懼會導致一些生理變化：心跳和呼吸會變的微弱和加速，但是在處於恐懼狀態時，大多數人沒有注意到這些生理症狀。如果留心一點，你會發現這些都可以受到控制和調節。

恐懼嚴重阻礙著我們的發展，但是恐懼並不是不可戰勝。堅定的信心就是戰勝治療恐懼的良藥。

加德納是美國橫渡大西洋——3V俱樂部的心理教練。在他的指導下，一個叫伯來奧的人一舉成名，這位男子乘

著獨木舟從法國的布勒斯特出發，橫跨大西洋和太平洋，歷時六個半月到達澳洲的布里斯班，創造單人獨舟橫渡兩大洋的金氏世界紀錄。

有人懷疑，加德納是不是又在拿運動員做實驗。

加德納反駁說：「我從沒有做過什麼實驗，我只是在證實精神的作用。從伯來奧的成功經歷，我可以向世人宣佈，從前橫渡大西洋的人之所以失敗或死亡，他們不是死於體力上的限制，而是死於精神上的崩潰，死於心理上的恐慌和絕望。」

加德納想表達的是：在這個世界上，人所處的絕境，在很多情況下，都不是生存的絕境，而是一種精神的絕境。

所以，當我們遇到逆境絕境，而產生恐怖絕望的時候，一定要有信心，抱持樂觀的、積極的心態，這樣就能走出絕望的陰影。

過度緊張
會讓你惴惴不安

隨著生活節奏的日趨加快，社會競爭越來越激烈。「適者生存，劣者淘汰」使得我們面對不斷變遷的事物時常出現不知所措的緊張心理。

這是社會文明的必然產物，但又是適應社會和環境不得不克服的心理狀態。但是有些人因為各種壓力不自覺產生過度緊張的情緒，自己又無法排解，因此陷入痛苦之中。

有位來自山區的少年，家裡比較困苦，全家人省吃儉用供他上學讀書。他透過刻苦學習考上了城市的一所有名的大學。

畢業後他又留在這個繁華的城市，但是上班和上學有本質區別，壓力太大，也許是對自己要求過高，他最近患

上了失眠的毛病。

　　每天晚上他都睡不著，白天昏昏沉沉根本無心工作，因此小錯不斷，如今他眼眶發黑、臉色發黃、精神委靡，和剛進公司時判若兩人。

　　他對自己的狀態很著急，這樣下去自己身體吃不消不說，還影響自己在主管眼中的形象。

　　想辭職，又覺得進這家大公司不容易，因為身上背負著全家的希望。為此，他更是每天睡不著覺，天天失眠。

　　持續的緊張狀態會破壞人體內部的平衡，甚至引發疾病。那麼，如何有效地避免緊張情緒對人的身心造成的危害呢？心理專家認為，最有效、最便捷的方法是學會放鬆。

　　你的嗜好是什麼呢？聽歌？跑步？讀書？在緊張的學習和工作之餘，可以多參加自己喜愛的活動及做些喜歡的事情。

　　這樣的好處是可以放鬆自己的心情，使你的心境得以開闊。無論是運動還是讀書，因為是自己喜歡的活動，所以你能在做這些喜歡事情的過程中，慢慢放鬆自己緊張的情緒。

當在工作、生活中遇到難題，或是必須完成緊急任務的時候，不要煩惱焦躁，否則你會方寸大亂。應當慢慢放鬆，並告訴自己「欲速則不達」，「現在焦躁、緊張是沒有用的」。

這樣你才能放鬆的排除難題或完成任務，且當這些心理暗示起作用時，會形成良性刺激，使你得到進一步放鬆。

在你覺得生活不如意的時候，請回頭看看一直在身邊支持你的親人與朋友。他們是你最堅強的後盾。當你遇到不順心的事情或爭執，找他們傾訴或找幾個志同道合的知己交談，既可以傾訴苦衷或宣洩怒氣，又能得到支援和理解。

誠然，緊張在某些方面是好事，當一個人面臨壓力事件時，身體會呈現出一種緊張的狀態，以便在短時間內集中所有的能量來應付這個壓力事件。所以此時的緊張不僅能促進你的進步與前進，它還能啟動了你體內的能量，讓你做起事來像超人一般。

但是過度的緊張只會讓你惴惴不安，與上述情況相反的結果便會出現。

長時間處於緊張的情況下，人體內部的化學系統（內

分泌）和電磁系統（神經網路）所出現的變化就會對我們自身造成巨大的傷害。

　　會休息會放鬆的人不一定能成功，但是不會休息不會放鬆的人一定爬不到成功的頂峰。

　　因為他們在向上爬的過程中，很可能就因為長期緊張疲勞，體力不支倒下了。

對結果的預感
總讓人恐懼

很多人似乎對一切都抱有畏懼之心：他們怕冷；吃東西的時候怕中毒；怕被議論；害怕痛苦的到來，怕貧窮，怕失敗，怕收穫不好，怕暴風雨。

在他們的生活中，只有對結果的畏懼。他們的生命中充滿了「怕」這個字！

有個遊客在旅遊景點迷了路，正當他一籌莫展的時候，有個挑貨的伙夫告訴他，可以帶他抄小路下山。但是伙夫告訴他，前面那段路是最危險的山路，一不小心就會掉下萬丈深淵。

遊客戰戰兢兢不敢前行，伙夫怎麼勸他都無濟於事，伙夫只好無奈的下山了。

遊客在山裡繞了一圈又一圈，還是找不到下山的路。

看著天色漸漸黑了，他只好咬牙嘗試那段危險的山路。當
小心翼翼走過了那段山路的時候，他才發現這段山路沒有
想像中的那麼危險，一切恐懼都來自於自己內心。

　　恐懼產生的結果大多是自我傷害，它不僅讓你喪失自
信心或戰鬥力，還能使你被原先根本不存在的危險傷害。
與恐懼相反，勇敢和鎮定能使人變的強大，能減少、避免
危害。所以，當你面對生活中無法預知的危險或結果時，
一定要牢記勇者無懼的箴言，這樣才能從容面對生活並走
向成功。

　　曾經有一位父親很為他的兒子苦惱，兒子都已經十五
歲了，一點男子氣概都沒有。他去拜訪一位禪師，請求這
位禪師幫他訓練他的小孩。

　　禪師說：「你把他留在我這裡三個月，這期間不允許
你來看他。三個月後，我一定可以把你的兒子訓練成一個
真正的男人。」

　　三個月後，小孩的父親來接回小孩。禪師安排了一場
武術比賽來向父親展示這段時間的訓練成果。

　　被安排與小孩對打的是教練。教練一出手，這小孩便

應聲倒地。但是小孩才剛倒地，便立刻又站起來接受挑戰。倒下去又站起來……如此來來回回十幾次。

禪師問父親：「你覺得你的兒子現在有男子氣概嗎？」

「我簡直羞愧死了，想不到送他來這裡受訓三個月，我所看到的結果是他這麼不經打，被人一打就倒。」父親回答。

禪師說：「我很遺憾你只看到表面的勝負。你沒有看到你兒子那種倒下去立刻又站起來的勇氣及毅力，他不怕接受失敗。那才是真正的男子氣概！」

大多數的人會對許多東西存在恐懼心理。比如說害怕公司的年度考核，或每學期的期末考試等等。其實你往往並不是為已經到來的，或是正在經歷的事情而害怕，你真正害怕的是對結果的預感。你覺得這件事的結果會很糟糕，於是越想越害怕，越想越驚慌失措。

但那真的有那麼恐怖嗎？如果你朝著某個目標前進，結果路上摔倒了，你需要做的只是爬起來繼續前進而已。結果並不是我們的阻礙，它只能用來證明我們有多勇敢！

找到你
內心的恐懼

我們為什麼感到越來越追求不到幸福呢？因為幸福本就不是追來的。幸福是人自身的感覺，是心理欲望得到滿足時的狀態。

人本身首先應該是幸福的，才有資格去追求更多的幸福。而不是因為自身不幸福，才去從別人那裡尋求幸福和解脫。這是最基本的道理，但是很多人都不明白。

夏天的傍晚，有個人獨自坐在自家後院，與後院相毗鄰的是一片寧靜的森林。他只是想在大自然的環境中放鬆，享受一下黃昏時分的寧靜。

天色漸漸暗下來，他注意到，樹林裡的風越刮越大了。於是他開始擔心，這樣的好天氣是否還能持續。

接著，他又聽到樹林深處傳來一些陌生的聲音。他甚

至猜想，可能有危險的動物正向他走來。不一會兒，他滿腦子都是這種消極的想法，也變的越來越緊張。

結果可想而知，他享受寧靜夏夜的目標算是徹底泡湯了。

人有時會不自覺產生一些內心的恐懼，也許杞人憂天，但是如果過分擴大這種恐懼的話，就會失去了當時想要享受生活、享受生命的原本目標，反而變的煩躁和害怕。

相反的，如果能克制內心的這種不安和恐懼，你會發現一個不一樣的自己和不一樣的世界。

「背對恐懼最可怕，當你真的轉過臉去面對，會發現其實沒有什麼好怕的。」當你採取行動的時候，恐懼也就慢慢消失了。你會發現，一切不過是庸人自擾而已。

一位印第安長老曾經說過一段話：「你靠什麼謀生，我不感興趣。我想知道你渴望什麼，你是不是能跟痛苦共處，而不想去隱藏它、消除它、整修它；你是不是能從生命的所在找到你的源頭；我也想知道你是不是能跟失敗共存；我還想知道，當所有的一切都消逝時，是什麼在你的內心支撐著你；我想知道你是不是能跟自己單獨相處，你

是不是真的喜歡做自己的伴侶，在空虛的時刻裡。」

相信你也有過這樣的經歷，當你覺得自己這天很倒楣的時候，倒楣的事情就會接二連三不斷發生，似乎老天都要和你作對。

但是當你覺得自己信心滿滿，好運連連的時候，好事也會一個接著一個地來找你，似乎處理起每件事都是得心應手的。原因在於，你的心態反應給自然宇宙，自然法則就會回應給你正面的能量。而你透過這些正面能量又能繼續遇到好事情，產生一個良性循環。

任何人都沒有給你壓力，其實百分之九十六的壓力都是你想像出來的！勇於面對自己內心的恐懼，才是讓自己內心強大起來的唯一方法。

恐懼只是個虛張聲勢的懦夫，當你準備戰勝它的時候，你已經贏了！

別跟著身邊的人
誠惶誠恐

很多人對一些本來並不可怕的事情產生一種緊張恐怖的情緒。他們自己也能意識到這種恐懼是沒有必要的。但是就是無法控制自己，就算盡全力也無法擺脫。這是為什麼呢？因為他們的內心感到極度不安。

不僅如此，他們還跟著身邊的人誠惶誠恐，容易被身邊的人影響情緒。如果身邊的人喜歡埋怨，那他們也會跟著埋怨；如果身邊的人煩躁，他們也會跟著煩躁。但是身邊的人的開心情緒卻未必能給他們帶來如此大的影響。

他原本打算和交往了五年的女朋友結婚，但是最近身邊的朋友各個都有了女朋友，而且每個都比他的女朋友漂亮，看起來也更溫柔體貼。這時的他除了嫉妒還充滿了羨慕，朋友也勸他說：「你女朋友又沒那麼漂亮那麼體貼，

何必這麼快為了一棵樹放棄整片森林呢?」

　　於是他更覺得自己的女朋友到處都是缺點了,慢慢地拖著和女友結婚的時間,女朋友終於受不了而離他遠去,等他想起女友的種種好處的時候,女友早已另嫁他人了。

　　要是我們身邊的人總是抱有負面情緒的話,我們也會跟著煩悶和不安。有的時候,在這種負面情緒引導下做出一些錯誤的決定也是常事。但是如果你總讓這種情緒影響著你的話,無疑是件可怕的事。那麼,如何減少這種恐懼呢?

　　當恐懼不安出現的時候,一定要問問自己:這種恐懼是出於自身還是因為他人呢?如果來源是自己的原因,那麼冷靜面對就行了。如果不是,就要找出真正的原因。如果是因為身邊的人的負面情緒影響了自己,那麼這時你得先調節好自己的心態。深呼吸,想想開心的事情,做自己喜歡的事情都能有效轉移你的注意力,可以讓你的心態暫時歸於平靜。

　　當然,從本質上解決問題的方法還得進一步分析。根據不同的問題用對應的不同辦法才能從根本上徹底解決問題。

　　你身邊有總愛抱怨的人嗎？他們遇到問題和困難首先不是想解決辦法，而是不停地抱怨。這種人往往最容易把負面情緒傳給別人，自己的問題也無法得到有效解決。此時你要做的就是與這種人保持一定的距離。

　　保持一定的距離就是不隨意侵犯別人的隱私空間，同時也保護好自己。當他嘗試向你抱怨的時候，你不妨嘗試引導他去想一些積極的事情減少抱怨，若是實在無效的話，找個藉口離開吧。否則他會習慣性地向你抱怨，而他的抱怨也會為你帶來負面情緒。

　　你愛在別人遇到困難的時候主動去安慰別人寬慰別人嗎？在這個時候你要量力而行，不是每個人都有能夠安慰他人和分擔他人痛苦的能力，若你處理不好的話，他的痛苦只能轉移到你的身上。能為他人分擔憂愁固然是好的，但是如果自己缺乏排遣消極情緒的能力，那麼你只能終日沉溺於別人傳染給你的消極情緒中，並成為下一個消極情緒的「傳播者」。

　　最後，調整自己的呼吸，用你的正面能量去排除心裡的垃圾吧。

預期
最壞的情況

有句話：「生於憂患，死於安樂」，意思是，人們在比較困苦的環境中因為容易催發奮鬥的力量，反而能更好地生存，而在相對安樂的環境中，因為沒有生存的壓力，就容易產生懈怠心理，而會為自己帶來危難。

也許你會說，你命好運氣又好，根本不必擔心明天會如何，也不必擔心有什麼順境與逆境之分，因為你自以為能夠「逢凶化吉」。如果真能夠這樣的話，那可真是令人難以想像，但問題的關鍵是，你真的能用命好運氣好解決一切難題嗎？

也許你會說未來是不可預測的，「是福不是禍，是禍躲不過」，既然如此，何妨一切都隨緣，又為什麼要有危機意識呢？

　　有一位男士，最近在籌備結婚，忽然有事要朋友幫忙，約朋友一起吃飯。慢慢說了一些工作上的事情之後，他開始支支吾吾地說到了關鍵問題。他最近忽然又有些不想結婚了，說了一些原因，其中一個關鍵原因就是他未婚妻身體不好，將來很可能無法生育。

　　朋友對他說：「之前的問題並不重要，唯一比較實質性的問題是孩子的事情，關於這一點你必須要做好最壞的打算。如果真的不能有孩子，你能不能接受？如果你能接受這最壞的結果，那麼問題其實已經解決了。」他聽完沉默了許久。

　　過了沒多久朋友出席了他們的婚禮。

　　沒錯，未來是不可預測的，而人也不是時時走好運的，就是因為這樣，我們才要有一種危機意識，在心理及實際行為上都要有所準備，好應付突如其來的變化。如果你想好了最壞的結果並能接受它的話，那麼還有什麼其他的問題你不能接受的呢？

　　和某朋友聊天聊起工作的事情，問他工作是否有起色，他說：「我已經盡力了，而且會繼續努力，如果還是不行，

那就是我能力問題，大不了休息幾天，正好準備考試。」

我覺得很吃驚：「你怎麼這麼悲觀？」

他更詫異：「我作了最壞的打算，琢磨能否接受最壞的結果，如果能的話，那還怕什麼呢？那就繼續走下去，這不是樂觀的想法嗎？」

如果對一件事總是過於擔心的話，出現的憂慮會毀了集中精神的能力。在我們憂慮的時候，思想會渙散，而喪失所有決定的能力。然而，當我們強迫自己面對最壞的情況，在精神上接受它之後，就能夠衡量所有可能的清醒，使我們處在可以集中精力解決問題的位置。

人生在世，記得要做最好的準備，做最壞的打算。只有做好了最壞的打算且接受了最壞的情況時，你才能靜下心來思考如何進行下一步的工作。而且，你會發現，事情的結果遠遠比你預期的要好，有時甚至一件壞事反而變成好事了。

人生沒有
承受不了的事情

人的潛力是很驚人的，很多時候，你認為自己承受不了的事，往往卻能不費力氣的承受下來。人生沒有承受不了的事情，需要做到的只是相信你自己。

你還在為即將到來或正發生在自己身上的不幸而恐懼擔憂嗎？其實，這些困難並沒有你想像中的那樣可怕。只要勇敢面對，你就能夠承受。

有位富翁，他看到別人生活的窮困潦倒，總是愛說：「天啊，如果生活成那樣我會受不了，我寧願死去。」後來經濟危機的時候，富翁經營的公司倒閉，他窮的身無分文，妻兒朋友也離他而去，他淪落為乞丐。

當別人看到他穿著骯髒，靠乞討為生，有一個路人也說出了他當年最愛說的話，但是他回答說：「如果有一天

100

你變成我這樣，你也會生活下去的。」

他在累積了自己乞討來的第一筆財富之後，便開始做起了擦鞋匠，然後開起了小店鋪，慢慢生意越做越大，又變成了富翁。但是他笑笑說：「這也沒什麼大不了的。」

人生是一種承受，需要學會支撐。支撐事業，支撐家庭，甚至支撐起整個社會。你支撐得起多大的一片天空，就承受得起多大的壓力。痛苦對於人生而言，常常扮演著不速之客的角色，往往不請自來。有些痛苦來的溫柔，如同慢慢降臨的黃昏，只會讓你慢慢地感到冰冷和黑暗。有些痛苦來得突然，如同一陣驟雨，讓人來不及防範。當承受了痛苦，你會變的堅強自信，那麼此時的痛苦會變成一筆價值不菲的財富。

憑藉《魯豫有約》這樣一個訪談節目，魯豫成了華人主持界裡的耀眼明星，同時也成了爭議頗多的焦點人物之一。對於觀眾對其主持風格、水準等方面的質疑和非議，魯豫坦然的說：「誰沒被評價過，誰沒被議論過？難道你因此就不做你該做的事情嗎？這都很正常，很自然。我的團隊和我，一直在很認真地做節目。觀眾能從節目中獲得

一點什麼，這就可以了，我們今後還是這樣做。被關注就意味著你要承擔更多，我們一直有這樣的心理準備，現在我的承受力也一步一步增強了，沒什麼是我不可能承受的。」

只要自己還有一顆樂觀、充滿希望的心，那麼即使世界對自己不夠好那又怎樣呢？只要會享受生活，只要還擁有生活的勇氣，那麼你的人生仍然是五彩繽紛的，而不是像你定義的那樣「不幸福」。

人的潛力是無窮的，世界上沒有任何事情能夠將你的心打到。只要相信自己，人生就沒有承受不了的事情。至於老闆的責罵，受客戶的折磨，朋友、家人對你發脾氣這種小事，你現在還在乎嗎？還覺得那麼難以承受嗎？

理性能減少
失敗帶來的恐懼

生活中，很多的錯誤與失敗並不是因為我們自身的能力不夠，而是取決於是不是理性地處理某件事，是不是保持著清醒、冷靜的頭腦去做這件事。

當一個人具備了理性思維，處理事情就變的更有條理，進而減少失誤的發生，減少失敗帶來的恐懼，就能帶給人更多的快樂。

理性就是人們常說的「遇事不慌」，是要求我們在面對緊急的事或物的時候，能沉著冷靜地加以處理。而心理學專家指出，理性是指人在正常思維狀態下，有自信與勇氣去面對遇到的特殊情況，且能全面瞭解和儘快分析後選擇最合適的方法去操作或處理。

在電影《教父》中，主角麥克‧柯里昂，在紛繁複雜

的家族事務中，正是以他的理性、沉著、冷靜而贏得了勝利。

當眾多的殺手意圖要到醫院謀殺他父親時，他忙而不亂的先將身受五槍的父親轉移房間，後又在醫院門口和一位偶然到來的看望父親的麵包師，兩人實展空城計，巧妙地嚇走了到來的殺手。

事情過後，那個麵包師害怕到連菸都點不著了，而麥克卻從容不迫的幫他點了菸，機智而冷靜地處理好了這一切的事情。

正是由於麥克的超常的理性，最終他順理成章地擔任了為柯里昂家族的第二代領袖。電影中，將沉著冷靜和理性這種因素的發揮演繹到極致，給人以強烈的震撼。

會下棋的人都知道，無論是簡單的五子棋還是複雜的國際象棋與圍棋，棋藝高超的人，在下每一步棋的時候，都會認真思考走動每個棋子可能引起的下一步棋的變化，能想到後五步棋的人比只想到後三步棋的人厲害，而能想到後三步棋的人又比想不到後面棋的人厲害。

能在比賽中獲勝，得益於思考和分析，能夠戰勝對手，就看你能不能先於對手五步棋前就冷靜思考與分析。

　　生活的實質很簡單，你以為是世界盡頭的時候其實只是剛開始。你還在為你的那些困難那些難題而不開心嗎？為什麼不拿你不開心的時間來冷靜處理問題呢？在面對問題的情況下，只要練就了保持冷靜的功夫，就能擺脫負面情緒的魔掌，還能保持幸福的心境。

　　當你遇到困難想抱怨，想放棄覺得畏懼的時候，請在心裡從一默數到十，然後再想想：「我這樣能解決問題嗎？怎樣才能解決問題呢？」這樣會發現你因此而生氣不開心的事情變少了，能用更多理性時間去解決了問題。

　　當你覺得自己實在無法控制心裡的那份恐懼或生氣的時候，不妨拿出紙筆寫出你的想法，左半邊的寫上：「我的大腦告訴我的是……」右半邊寫上：「我想，我的心能告訴我應該做些什麼……」然後儘量把目前的想法都寫出來。這樣你會發現自己能很容易就區分開「衝動」和「理性」，以及什麼該做什麼不該做。

　　很多人一生都「跟著感覺走」，最終吃了大虧也毫無察覺，而一旦你習慣了控制自己的衝動，用理性去處理事情和問題的時候，會發現你的世界開始不一樣了。

不苛求
死亡以外的真理

莊子「輕生死」，這裡的「輕」不是輕視、侮辱的意思，而是表達一種淡然的態度，這是一種參破生死的態度，早已經消除了對生的執著和對死亡的恐懼。

生與死是一種自然現象，像白天與黑夜那樣平常無奇。但是若看不開生死，執著於這些自然現象，那麼不僅自己會受到傷害，你身邊的人也會跟著你受到傷害。

有位母親，她的孩子生了重病，於是她帶著孩子到處求醫，但是醫生盡力了也無法挽救這個孩子年輕的生命。

當醫生告訴這位母親她的孩子已經死亡的時候，母親不願意相信事實。她仍舊抱著死去的孩子四處求醫，求醫生救救她可憐的孩子。醫生和家人怎麼勸她也無濟於事，最後她被診斷為精神失常，被送進了精神病院。

　　生和死一樣，是連續的動作。所以說，生未嘗可喜，死亦不足為悲。當你把生死的問題看空了，隨時隨地心安理得、順其自然，自己就不會被後天的感情所擾亂。

　　還活著的時候，把握現在的時間，這就是價值。珍惜眼前擁有的，而不去執著計較自己失去的，就會發現自己的心境豁達開朗起來，平時的生活也沒那麼苦悶，反倒是幸福的。

　　說到「安之若命」，就像人們常說的那句：「這就是命」，很多人覺得這種思想是消極、悲觀的，其實不然。很多鄉野老嫗，可能一輩子都沒離開過村子，整天在田間勞作，辛苦非常。外人如果問她辛苦不辛苦，她會淡然的回答：「沒什麼，是命。」這種豁達的態度，比很多所謂的大哲學家更為通達，這才是一種達觀人生。

　　曾有個病人被診斷出患了癌症，醫生說他只剩下六個月的生命。他沮喪過後接受了事實，他辭去工作，用自己的積蓄環遊世界，走過了一個又一個國家，拍下了一組又一組照片。在他病痛發作的時候，總有陌生國度的陌生人給他傳來溫暖的支持和幫助。

　　二年後，他環遊世界歸來，醫生驚奇地發現，他不僅

撐過了醫生斷言的六個月，而且他體內的癌細胞得到了有效控制，甚至減少了。

死亡也許是我們無法控制的，從心理的角度來說，大部分的人也是害怕死亡的到來。也許你每次看到那些癌症病人真誠地為生命奮鬥的時候，你會想自己可能沒有他的勇氣。殊不知每個人面對這樣的死亡時候，求生是第一反應，多活一天，哪怕只有一天都是好的。

你覺得生命中最重要的是什麼呢？水？愛？空氣？金錢？還是親情？其實生命中最重要的是你現在還活著。無論你健康與否，貧窮與否，幸福與否，你都應該為自己現在活著而感到開心幸福。

或許，我們可以更釋然一些，在生的時候喜悅努力，在死的時候也寧靜坦然。這不就是最完美的人生嗎？

以成長的眼光 看待生命

生命是成長的，如同嬰兒慢慢長大成人一樣，你身邊的萬事萬物都是在成長變化如同你每天看到的雲彩和夕陽都是不同。同樣，人生中的得失也很多，如果你只顧著過往，看不到未來值得去爭取的東西，那麼生命雖然還沒有結束，但是你的精神已經變的枯竭。剎那無常，只要你的思想可以與時俱進，用成長的眼光看待生命，看待身邊的萬事萬物，就會發現一個新天地。

有位商人，他的生意失敗，千金散盡。於是他爬上一棵櫻桃樹準備結束自己的生命。

這時學校放學了，成群的小朋友跑了過來問他在幹嘛，他只好說：「我在看風景。」

小朋友說：「你有沒有看到你身邊有許多櫻桃？可不

可以幫我們採櫻桃？」他低頭一看，樹上果然有大大小小的櫻桃，只是之前自己太失意沒注意到。於是他幫小朋友採了櫻桃。

當小朋友開心的回家去的時候，他發現他自殺的念頭不見了。他也採了一些櫻桃，當他回家和孩子妻子一起吃著櫻桃時，忽然感受到了一種感動和溫暖。於是他徹底放棄了自殺的念頭。

「剎那無常」時光每時每刻都在改變，要一輩子都幸福，那是不可能的事情。因為幸福就像羽毛一樣輕一樣難以把握，而艱難痛苦就像腳下的大地一樣始終不離左右。所以人的一生總在禍福之中，只有認識禍福無常，把握好自己的心態，才能把握生活的智慧。

有一位助理，當總經理出差的時候，他就代總經理處理所有的事情。有一天總經理把他叫來辦公室：「公司現在要推行ISO9000系列，將成立一個企劃部，經理是香港人，你協助他處理文書工作。」處理文書工作代表著和普通文員沒有任何區別，他的心沉到谷底。但總經理只說了句：「你的待遇不變。」就揮手要他走了。

　　由於香港經理安排的工作流程和他之前的完全不同，他只能重新熟悉流程，認真寫下操作流程。半年後，他手頭的工作做完時，總經理把他任命為企劃部經理。

　　總經理說：「香港經理是我的朋友，幫我起草檔的，我們一直在觀察你，知道你所做的一切，你也沒讓我失望。」

　　正是因為他根據眼前的變化適當調整了自己的心態，在工作方面盡職盡責，他才能這麼快升職。

　　這個世界，這個時代都是變化的，我們要從無數的變化與困惑，從積極的思考與行動中，脫穎而出。如果你不能適應變化，抗拒變化，那麼只能被時代拋棄。

Chapter 4

完善自己的
「危機資料庫」

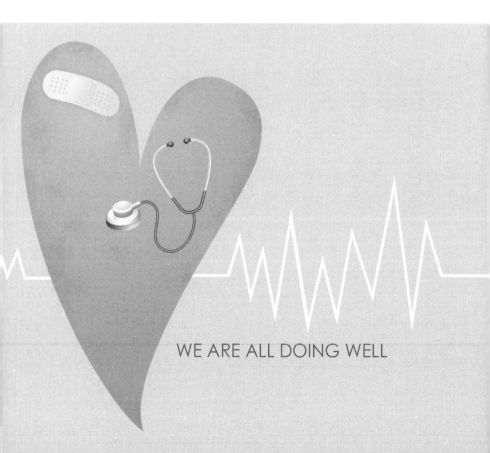

WE ARE ALL DOING WELL

將損失和傷害
降低到最小

當遇到危機的時候，你能清醒地認識危機嗎？你有處變不驚的能力麼？你有果斷應變和處理危機的機智嗎？

一個餐館老闆在招募新員工的時候，詢問他們一個這樣的問題：「如果在給客人上餐時手上的托盤不穩，又不能阻止它掉下去怎麼辦？」

面試的人大部分都答不出，大家都在想既然救之不及，那麼，除了讓托盤掉下去，還能怎麼辦呢？

最後錄取的那個年輕人的答案是：不要慌張，在托盤掉下來的過程中自己會用最後一點力量，使托盤掉向遠離客人的地方。如果周圍都有客人，則倒向大人，讓其遠離小孩；儘量倒向男人，遠離女人；在倒向人的身體時，也要盡可能地遠離人的要害部位。

這就是「危機處理」。一生中，難免會遇到一些不可預料的危機，遇到危機後你所採取的方法都會直接影響到事情的發展和結局，甚至影響你未來的命運。

在面臨不可避免的危險或失敗的時候，只有沉著冷靜的思考，選擇將損失和傷害減到最小的方式，才是最恰當的解決危機做法。

某家報紙曾舉辦一項有獎徵答活動，題目是：在一個熱氣球上，載著一位科學家、一位環保專家、一位糧食專家。但是在飛行途中，熱氣球忽然漏氣，不能載重，必須丟出三人中的一人，以減輕重量。但三位專家分別對科技的發展、環保的維護、糧食的生產各有所長，也都與人類的命運息息相關，這時究竟應該犧牲那一位呢？

當然，萬千的應徵者都各有見解，大家眾說紛紜，各執其是。最後結果是一名小男孩中獎，他的答案是：把最胖的那個人丟出去。

人生不時的會遇到一些可以預料與不可預料的危機。夜晚忽然停電了，平時沒有準備手電筒或蠟燭，如何是好？颱風之夜，地震之時，戰爭開始，盜賊入室，甚至車

禍受傷，工作被撤；乃至盛年之際，醫生突然宣告你得了不治之症，或是受到惡疾傳染將不久於世，這時你該怎麼辦呢？

當危機降臨的時候，不可慌張，需臨危不亂，鎮定以對。無論什麼危機，首先都要知道危機的起因，這個時候千萬不能把問題複雜化，要抽絲剝繭般的把一些旁根末節處理掉，現出問題的根源，再據此找出自己能夠解決的辦法。

面對危機，只有冷靜、機智，才能有效地達到解除危機的目的。而慌亂、緊張，於事無補，只會讓你在危機中越陷越深，無法逃脫。

當你無法避免危機的出現的時候，保持鎮靜，沉著的應對出現的危機，應用平時掌握的一些常識處理危機，盡力把損失和傷害降到最小。要相信自己解決危機的能力，不要輕易放棄，相信危機就會慢慢過去。

凡事不要
想當然

生活中，很多人喜歡靠想當然來做事，想當然地評判自己身邊的人，可是，很多時候，事情根本不像我們想的那樣，靠想當然做事是不可行的。

有一句話說得雖然淺顯，但得很值得推敲：「騎白馬的不一定是王子，他有可能是唐僧；長翅膀的不一定是天使，他有可能是鳥人。」產生思維定式有時會造成大誤會。

但我們每天都多少有點想當然。我們會以為汽車還有足夠的汽油，冰箱裡還有牛奶，傳真機上還有紙，隨身聽的電池還夠用。我們會以為自己的丈夫幫我們帶了機票、現金和護照。結果呢？往往由於你的想當然而錯過一些事，甚至造成不可挽回的損失。

你真的應該事先問 一問，檢查檢查，真正做到心中有

數。就像不管到什麼地方去，我們都應該把所有需要的東西列出一個清單，這樣既不會忘記攜帶，也不至於落下東西，造成損失。如果憑著小聰明自以為是地想當然，就不可避免地會犯錯誤。

漫不經心，僅憑想當然而不去檢查這些事情是否如我們想像的順利，只會讓我們在遭遇變動的時候感到不愉快。

某天，有個年輕人去買學生票，到了售票口發現一共有四個窗口，隊伍都很長，但是右邊的兩個窗口的隊伍只有左邊隊伍的一半人，於是他毫不猶豫地站到了右邊的隊伍後面。排隊買票是件很無聊的事情，於是他拿出手機看小說。

過了一會兒，他看到前面有人走出了隊伍，發現他向前面售票窗口瞄了一眼，嘀咕了一句就走了。

他有些奇怪，也沒細想，就低頭繼續看小說。等到離窗口只有十幾個人了，他抬頭忽然發現窗口的玻璃上貼著幾個大字：「此窗口不出售學生票！」

想到剛才前面離開的人，他忽然明白了些什麼……

　　一個人如果習慣了用想當然去判斷是非，那麼，難免會顛倒是非，錯怪他人；一個人如果用想當然決定利害，那麼，他在生活中往往因小失大，誤入歧途；很多事情，從表面上看很容易，可是真正做起來，卻遠遠不是那麼回事；很多時候，我們感覺一件事情好難，簡直不知該如何開始、該如何結束，可是真做起來，反而感覺不是那麼難。也就是說，想當然是相當不可靠的。

　　前美國紐約最高法庭法官約愛德華‧拉姆巴德說的：「千萬不要想當然。」凡事想當然是懶於思考的表現。想當然地以為自己知道問題的答案往往會弄巧成拙。你應該謹慎地提出必要的問題。

　　雖然你可以自由地設想問題的答案，但是態度要認真，一定要有正確的依據，這樣你才能享受思想的自由，而又不至於誤入思想歧途而遭到本可避免的不幸。你應該儘量尋找並且發現真實而準確的情況。

　　如果養成了想當然的習慣，那就會粗心大意，做事缺乏效率，容易忽視細節，容易發生你無法處理的情況。越是小心謹慎，越不會想當然，也越能把握事情的發展進程，越能做到隨機應變。

歡迎工作中的
「壞消息」

大多數企業都有一條不成文的規則，即最大限度地掩飾企業競爭上的劣勢。但是，對於公司來說，一個人人都知道但又不說的威脅，遠比一個被明確暴露出來的威脅要有害得多。公司也像人一樣，會因為心存祕密而心煩意亂。

但實際上，某種程度上企業的劣勢的暴露，有助於企業發現自身的問題，能幫助企業避免小問題的嚴重化，能幫助企業在競爭的道路上走得更遠。

有位香料廠的老闆，員工告訴他有兩大箱進口香料因為存放不當受潮了。

這兩箱香料價值不菲，如果就這樣賣給客人的話，必然會影響香料廠的名譽。如果不賣出的話，香料廠又會遭

受大筆損失。在兩難的情況下，這位老闆當機立斷，要人把這兩箱香料拿去街邊焚燒。

於是香味彌漫開來，有幾個懂香料的人看到這個場景就過來問員工為何當街焚燒香料，員工解釋說：「這兩箱香料受潮了，老闆說不能以次充好賣給客人，所以讓我拿來燒掉。」

結果很多人聞到香味慕名前來，聽說老闆「焚香」的事情後，覺得老闆做生意很誠信，自此訂單源源不斷。

在工作中遇到類似的「壞消息」的時候，先不要著急，壞消息的另一面往往就是好消息，而壞消息和好消息只一念之間。如果一味的隱藏劣勢，躲避責任，只能導致問題的不斷發生，如果企業能在此時把自己的問題主動曝光，反而能得到一些意想不到的正面效應。

在企業中遇到殘次品不可怕，可怕的是把這些殘次品以次充好賣給消費者，結果損害了自己的信譽和品牌，失去了顧客的信任。

在微軟公司有這樣一條規定：任何在軟體中出現的漏洞必須馬上糾正過來。這條規則也同樣適用於微軟的內部管理上。在比爾·蓋茲的影響下，公司建立了有效的回饋

機制來確保每件事都在不斷改進之中。「回饋圈」滲透到微軟日常處理的每一項工作上。

微軟的「回饋圈」使市場上的各種危機和微軟產品的各種缺陷能夠在第一時間內被發現和解決，這種不忽視工作中壞消息的態度、正視危機的企業文化，正是微軟帝國能夠實現常青運營的祕訣。

當然，我們要有注意危機警訊的習慣，並不難做到。一個人剛到一個企業工作時，他的警覺性很高，會提出許多在運作上或經營上覺得不對的地方，但是一段時間後這種警覺性和危機感就會消失，為什麼呢？並不是因為他覺得安全就鬆懈了，而是他提出來的「異見」，很容易就被同仁或主管所否決，一兩次後，他就會和大家一樣，視警訊為正常。

因此，在企業形成一種時刻保持警覺性的文化十分重要，不能因為個別領導者的諱疾忌醫而報喜不報憂。

預見才能
更好地避免

在市場中，許多企業雖有過輝煌的歷史，但由於管理者忽視危機對員工的激勵作用，沒能讓危機意識在企業內部長久存留，使企業最終「死於安樂」。

「天下雖安，忘戰必危」。對於個人而言，如果個人沒有危機意識的話，那麼也許你就會付出慘痛代價。

有一天，兩個旅行者騎著駱駝行走在非洲的大沙漠裡，他們的目的地是沙漠另一邊的一個小城鎮。

他們帶了好幾壺水和好幾袋食物，足夠應付幾天的供應。

「我們應該加快前進速度，不然會被困在沙漠裡。」進入沙漠的第二天，其中一個人覺得走得太慢了，便對另一個人說。

「怕什麼？我們有這麼多的水和食物，慢慢走吧。」另一個人說。

然而，就在那天晚上，一場風暴襲來，兩個人的命是保住了，可是水、食物、行李都被風暴捲走了，駱駝也失蹤了。

這一下，他們不能再「慢慢走」了。第三天，他們開始拼命地奔跑。

可惜的是，由於無水無食，又辨不清方向，他們最終沒有走出大沙漠。

預見危機才能更好地避免危機。很多悲劇和意外事件的發生，都是因為人們沒有預見危機而造成。

很多人因為過於害怕危機而不願意正視危機，這正應了狄摩西尼的話：「沒有什麼比自我欺騙更容易的了。因為人們渴望什麼，就相信什麼是真的。」

面對危機，人們總是習慣採取逃避或者排斥的心理，這種心理並不能幫助人們提高對危機的警惕，相反的只能更加縱容自己對於危機的麻痺心理，忽視對危機的預見。

美國一家船運公司每年都評選一次最優秀的船隊，這

支船隊首先要滿足一個條件：出海的過程中出現事故最少。

有一支船隊每年都會被評上，因為在海上航行的時候，這支船隊幾乎沒有出現過什麼事故，當然，一些自然事故是無法避免的。

當有人問及是什麼讓這支船隊如此優秀時，一個優秀船隊的海員會說：「其實沒什麼，我們只是定期進行細心的船舶檢修，尤其是航行前。因為我們知道，今天不做，明天就會後悔，僅此而已。」

可見，危機感不但是醫治人類惰性和盲目性的良藥，也是促成變革的最大動力之一。

富於前瞻性、挑戰性和創造性的危機製造以及危機解決，可以有效引導員工，強化凝聚力，有效提高企業競爭力。

「人無遠慮，必有近憂」。在這個競爭殘酷的時代，一切都是瞬息萬變的，任何人都不能保證自己隨時都立於不敗之地，居安思危、未雨綢繆才是高明之舉。

當代管理革命已經公認，有效的組織現在已不強調「有反應能力」，而應強調「超前管理」。

　　環境可增強組織的「抗逆」能力，這就要求主管在日常的員工管理中，注重培養員工的危機意識，發揮員工主動性、創造性。

　　如果企業滿足眼前的一時輝煌，沒有看到潛伏的危機，最後的結果只能是曇花一現，被市場所拋棄。

找出擺脫困境的關鍵環節

事物總有兩面性。人生中的事情也是這樣，在多情況下都沒有絕對的好與壞之分。一夜暴富的後果也可能是窮困潦倒；失業也許造就了一個成功的契機。

發生在我們身上的事情究竟是欣喜還是悲傷，重點不在事件本身，而在於我們面對事件的態度。

我們要真正做到超越挫折，走到成功，就要善於找出解決問題的關鍵點，順利找出對應的措施，並「對症下藥」。

身陷挫折，擺脫困境必須找對關鍵點，抓住問題的「癥結」。如果分不清主次，理不清頭緒，不僅解決不了任何問題，反而會製造更多的麻煩，越忙越亂，甚至陷入另一個誤區。

有個記者，他託一位同事代買圓珠筆，並再三叮囑他：「不要黑色的，記住，我不喜歡黑色。千萬不要忘記呀，12支，全部不要黑色。」

第二天，同事把那一打筆交給他時，他發現全是黑色的。他生氣又失望地責怪同事：「我說了不要黑色的呀，怎麼都是黑色的。」

同事卻理直氣壯地反駁道：「我忙了一天，昏沉沉地走進商場時，腦子裡想到的就只是這個兩個詞是：12支，黑色，就毫不猶豫地只找黑色的買了。」

他聽了同事的話，覺得自己說了這麼多，並沒有說到關鍵點上，他給的太多資訊反而誤導了同事的思緒。

從此以後，尤其說話、撰文，總是直入核心，他開始直切要害，不去兜無謂的圈子。

由此可見，無論是工作、學習還是處理生活問題，都要講究方法。

只有抓住關鍵問題，切中問題的要害，才能使我們的工作和學習事半功倍。

當你在工作中遭遇難題，一籌莫展的時候，不妨讓自己冷靜下來，仔細分析一下問題，找到「癥結」，對症下

藥，問題就可以順利解決。

有一家工廠在運營中遇到了嚴重的技術問題，導致整個工廠生產效率降低。

廠長很著急，下令工程師去解決，但是工程師檢查了所有環節也沒發現問題所在。

於是廠長請來國內著名的工程師，這位工程師開價一萬元，廠長咬咬牙接受了。

工程師在工廠待了兩天，查看了數百個儀器，並隨時記錄然後計算。第三天，他在其中的一個儀器上畫了一個大大的圈。

他說：「把連接這個儀器的設備修理好，問題就解決了。」

其他工程師把儀器拆開後發現確有問題，維修後電廠恢復了原來的工作能力。

此時廠長很心疼那一萬元，就對工程師說：「你只是畫了一個簡單的圈，這個圈就要收一萬元嗎？」

工程師回答說：「畫圈只值一元，但是知道在哪畫圈值九千九百九十九元。」

　　從關鍵點突破，是高效能人士思考的習慣之一，如果一個人沒有重點的思考，就抓不住事物的關鍵。

　　那麼，他做事的效率必然會十分低下。相反的，如果他抓住了主要矛盾，解決問題就變的容易多了，才能將逆境轉變為優勢。

勿以惡小而為之，勿以善小而不為

有兩句著名的話很值得企業經營者和員工深思，即《三國演義》中「勿以惡小而為之，勿以善小而不為」，其中「惡」是指鬆懈，無視工作中的失誤，且不能因其小而掉以輕心。

「善」是改良，就是扼殺企業危機的萌芽，且勿因其小而視若無睹。若因我們的錯誤觀念，忽略了管理中的細微現象，不及時糾正，等到企業病入膏肓，陷入危機，就悔之晚矣。

我們知道，水滴石穿。惡事雖小，一點點累積，變成大惡，產生強大的破壞力；善事雖小，一件件累積，便會成為大善，帶來震撼的影響力。

一個年輕人畢業後在一家工廠做事，雖然自己工作做

得很出色，但因為工廠效益不好，為了幫助一個剛剛妻子過世，一個人撫養孩子照顧父母的工人，而主動要求離職，把自己的職位留給了那位工人。

兩年以後，一位到當地投資的企業家承包了工廠，聽說了年輕人的善舉之後，讚歎不已，就把年輕人找回來，坐上了總經理的位子。

一個人做一件好事並不難，難的是一輩子做好事。一次隨手關燈，一句禮貌用語，一次讓座，一個微笑，都是對公共利益的貢獻。小小的善舉，舉手之勞，並不需要我們付出很多，卻能換來和諧和友誼。為社會做點事，為他人做點事，為自己做點事，美好的生活就在你我的點點滴滴中創造了，在大家的持之以恆中延伸了。

小與大是相對的，但善與惡卻是絕對的，再小的善也是善，再小的惡也是惡。讓我們牢記「勿以善小而不為，勿以惡小而為之」這兩句話，從小事做起，從點滴做起，那麼我們的生活將更加和諧，世界也將變的更加美好。

Chapter 5

擔負重擔
也要輕鬆前行

WE ARE ALL DOING WELL

預想的痛苦
一定會發生嗎

恐懼能摧殘人的創造精神，足以消滅個性而使人的精神機能趨於衰弱。一旦心懷恐懼的心理、不祥的預感，則做什麼事都不可能有高效率。

恐懼代表著、指示著人的無能與膽怯。這個惡魔，從古到今，都是人類最可怕的敵人，是人類文明事業的破壞者。

最壞的一種恐懼，就是常常預感著某種不祥之事將來臨。這種不祥的預感，會籠罩著一個人的生命。

許多人都有一種杞人憂天感，他們常常猜想著大不幸的降臨：要會喪財失位，要會遭遇不測，要會面臨火災水害。假使在他們的兒女離家出門的時候，他們的心中一定會看到種種災難——火車出軌、輪船沉覆——他們總是想到最壞的一面。

兩個樵夫的對話，一個是勞碌一段時間就停下來歇歇的樵夫，一個是一直特別努力的樵夫。

一天，一直勞碌的樵夫上山去打柴，看見另外的一個樵夫在樹下躺著乘涼，就忍不住問他：「你為什麼不去砍柴呢？」

乘涼的樵夫不解地問：「為什麼要去砍柴？」

樵夫說：「砍了柴好賣錢呀。」

「那麼賣了錢又有什麼用呢？」

「有了錢你就可以享受生活。」樵夫滿懷憧憬地說。

乘涼的樵夫笑了：「那麼你認為我現在在做什麼？」

當整個心態和思想隨著恐懼的心情而起伏不定時，做任何事情都不可能收到功效。在實際生活中，真正的痛苦其實並沒有想像中那麼大。那些使我們未老先衰、愁眉苦臉的事情，那些使我們步履沉重、面無喜色的事情，實際上並沒有發生。

恐懼純粹是一種心理想像，是一個幻想中的怪物，一旦認識到這一點，恐懼感就會消失。如果見識廣博到足以明瞭沒有任何臆想的東西能傷害到我們，那我們就不會再

感到恐懼了。

英倫才子阿蘭·德伯頓曾說過，對於可以預見的挫折，大家基本可以接受，即使心理充滿了沮喪和痛苦，也不至於呼天搶地。但是對於完全沒有預見的挫折，哪怕只是渺不足道的小問題，也不免要失態無措。如果你能預想到最壞的情況，那麼即使最壞的情況發生的時候你也不會手足無措備受打擊，依然能保持鎮定和微笑，面對發生的一切。

那麼，預想的痛苦一定會發生嗎？你會發現，事情最終的結果往往比你預料的要好得多，但由於你之前已做好最壞打算，所以當結果出現時，你也能淡然接受，鎮定處理。

不要讓壓力成為 「心理魔咒」

在現代社會，生活節奏越來越快，各種壓力紛至逕來：考試升學的壓力，就業的壓力，職場中的壓力，來自戀人的壓力，來自父母的壓力，來自子女的壓力，來自房子、車子與更高級的畢業證書的壓力，來自身體的壓力……面對眾多的壓力，很多人常常控制不住自己的情緒，結果不僅自己失態，還會給周圍的人造成很不好的影響。

四十歲的他是一位IT高級主管，他的脾氣好在公司是出了名的，但最近部門的銷售形勢出現了「瓶頸」，儘管大家都很賣力，但業績榜上還是沒起色。

有一天，總經理關起門，「和顏悅色」地給他上起了銷售培訓課，即便沒有一句訓斥的話，可他還是覺得面子

掛不住。

恰巧，工作一向認真的助理把一份報告打錯了，於是一股無名之火竄了上來，他拍著桌子，把報告扔到了助理頭上，小助理眼淚不停地流，他還仍然扯著嗓子不甘休！後來冷靜下來，他自己也覺得很失態，也很懊悔。

快節奏的生活給現代人的情緒帶來了惡劣的影響，你一定也有過這樣的體會：莫名其妙地發脾氣、煩躁，看什麼都不順眼；坐公車、火車，看旁邊兩個人有說有笑火氣就上來了；別人不小心踩到你的腳，你就像找到發洩的管道一樣，跟人大吵一架……其實，這些壞情緒都是壓力帶給你的，當壓力越來越大，你的情緒就越來越差。

然而，這還不是最可怕的，一旦壓力超過了你心理承受極限，大腦神經系統功能就會亂，出現失眠、頭痛、焦慮、強迫、心慌、胃部不適等精神症狀和軀體症狀，進而引發身體疾病。

壓力像彈簧，壓得更緊就會彈得更高。適當的壓力有助於你的事業和工作發展，能讓你做得更優秀。但當自己覺得壓力承受不來的時候，不妨試試減壓的辦法吧，做做自己喜歡的事情，或是休息一會。

　　他抬頭一看，十點半多了，便趕緊給下屬單位下通知，二十七個單位的通知還沒下完，主任拿著他的情況分析說：「這不行，太簡單，好好改改。」他剛下完通知，要修改情況分析。

　　午休後，他修改完的情況分析透過了，緊跟著就是開會，總結。

　　主任說：「申報材料你來寫吧，你寫得還不錯，那個招商引資的計劃書，你也幫大家寫寫吧，他們也不會寫，怎麼樣？」當著同事們的面，他只好把到了嘴邊的話咽下去，說：「好的。」

　　開完會已到了下班時間，看著別的同事輕鬆下班，他卻要加班，想到手頭工作就跟催命鬼一樣，已經三十五歲的他，頓時覺得自己肩膀上彷彿壓了座大山。

　　心理學研究證明，人性本來就容易患得患失，就怕失敗、怕趕不上進度、怕明天會發生不可預知的事情，因此沒有安全感，心也無法安定。事實上，在世間，我們不能操控的事情實在太多了，例如，命運往往是無法掌控的，連下一步會發生什麼事都不知道，更不用說明天了。

　　所以，不要為未知的事情擔心，放下妄想和憂心，專

注於正在做的事情，只要盡力而為，試著把事情做好，相信一定可以減輕壓力。如果壓力產生了又該如何呢？這時候應該先把事情擺在一旁，放鬆頭腦及身體，休息一下，否則愈急、愈忙，壓力就愈重。如果碰到事情是沒辦法等、無法放下的，就應該試著改變想法，譬如說，忙得天翻地覆時，可以試著逆向思考：「我從來沒有這麼忙過呢！這倒是一個全新的經驗，挺好玩的，忙得很有意思。」

僅僅是觀念的改變，有時就可以使心情煥然一新，用不同的角度來欣賞工作中的忙碌，其實也可以和壓力說再見。

在最困難中
找尋機會

人生下來註定要跟困難打交道。困難就像彈簧，你強它就弱，你弱它就強。在和困難的搏鬥中，總是困難吞沒懦夫，或是強者征服困難，古今中外，無一例外。

工作中，我們經常感覺到困難重重：社會環境的變化，市場競爭的殘酷，企業文化的衝突，人際關係的複雜，甚至是各種不幸和災難的打擊，可能已經讓你覺得身心憔悴，萬念俱灰，你因此認為人活著實在是太累，太難，甚至差一點點就放棄了與困難鬥爭的勇氣。

然而，強者與懦夫的區別就在這裡。因為真正的強者懂得，逃避永遠不能解決問題，戰勝困難的唯一辦法就是勇敢地面對，積極地思考，然後將它視為磨煉自己意志和鍛鍊處事能力的機會，用自己的行動，去征服它，戰勝它！

　　一位母親，她的兒子患有智能障礙。為了讓兒子能享受一個正常的孩子應該享受的生活，她堅持每天教孩子認一個字，數一個數，說一句話。從三歲那年開始，一直堅持到孩子八歲。

　　這中間，她彷徨過，失望過，哭過，甚至有過放棄的念頭。但一看到孩子那無助的眼神，她痛下決心，絕不讓兒子就此止步。但是僅認幾個字，數幾個數，是這不能夠適應上學的基本能力的。

　　於是，她辭掉自己的工作，全身心投入了兒子智慧的誘導上去。縱然依舊是失望，再失望，但最終她憑著自己的信念堅持了下來，她智能障礙的兒子也奇蹟般立於世人面前。現在，她的兒子已是一個合格的一年級學生了。

　　一次次，當你從困難前面走過，你終於明白，原來困難並不可怕，可怕的是我們沒有面對困難、戰勝困難的勇氣。想想自己曾經經過的種種挫折和災難，你會發現，正是這些困難和挫折讓你站得更高，看得更遠。相比之下，今天這一點點困難又算得了什麼呢？

　　有位女孩被診斷出患了癌症，在沮喪失望過後，姑娘

決定每天都要讓自己過得很開心。於是她開始化妝，穿漂亮的衣服，吃好吃的，每天用微笑告訴所有人她很開心。即使實習醫生在她手臂上扎針扎不進去，她也會笑笑和醫生開玩笑要對方別緊張。

在疼痛來臨的時候，女孩很多次想過要放棄，但是看到爸媽難過的臉又狠不下心。很快，這位堅強女孩的事蹟被大家所知道了，民眾紛紛資助她，最後女孩經過幾番化療後克服了癌症的困擾……

巴爾扎克曾說過：「困難，對於弱者是一個萬丈深淵，對於強者卻是一筆財富。」是啊，如果一個人屈服於命運，屈服於困難，那麼他只能成為弱者。

壓力和挫折時刻都會存在，有人說，人沒有了壓力生活就會沒有了方向，就像沒有了風，帆船不會前進一樣。但你一定不能在壓力中不思進取，要懂得在最困難的時候去尋找機會，只有這樣，我們才能不被壓力淹沒。

找到家庭和 事業的平衡點

當今社會，「女性文化」所形成的獨立、平等的價值取向正與傳統的文化對女性的定位發生著激烈的衝突。尤其是對職業女性來說，如何在家庭與事業之間尋找一個平衡點，就成了關注的焦點。

有位女廠長，事業心很強，一心都在工作上，當廠長後，帶領全廠職工一年就轉虧為盈。

組織生產她指揮若定，頗有大將風度，說起工作她也滔滔不絕，有條有理。但一談到她的家庭，她便常常面有難色，言語間充滿了對丈夫和兒子的內疚感。

她的丈夫常當著客人的面說他們父子倆是沒人疼沒人愛的，兒子也總是抱怨媽媽不關心他。為此，她很苦惱，不知如何處理才能解決。

　　古人說魚與熊掌不能兼得，有一定道理，但凡事沒有絕對，特別對於職業女性，多費一點心思，少算一點得失，即便不是魚與熊掌兼得，在家庭與事業之間，總會找到一個平衡點。

　　不管社會如何變遷，家庭、事業都不應該對立，完全可以統一起來。

　　如果把事業當做一個家庭去享受，如果把家庭當做一個事業去創立，那麼建立在事業上的家庭是最穩固的家庭，建立在家庭上的事業是最甜蜜的事業。

　　有一位職業女性，是一家公司的行銷主管。她三十歲了，結婚五年，生兒育女的事已經提到議事日程上來。對她來說，她實在不願意失去部門主管的職位，更何況她在這個職位上如魚得水。

　　但丈夫盼子心切，她不能太自私，終於決定要孩子。丈夫希望她能做幾年全職太太，把心思放在孩子身上，賺錢這件事就全權交給他好了。於是她辭職了，成了一個在家上班的女人。

　　因為有以前的關係，她很容易就聯繫到好幾家雜誌社，做雜誌社的特約撰稿人。同時她還為一個網站做兼職

編輯。這樣，她只需要在家裡工作，就既可以保證收入上不會下降太多，又能比較安心地等待著小寶寶的誕生。

能否處理好事業和家庭之間的關係，可以反映出一個人的素質水準。在現實中，這個問題常常弄得一些職業人士焦頭爛額，似乎事業和家庭永遠是一對難以協調和解決的矛盾。

要顧事業，有時就顧及不了家庭；要照顧家庭，有時又顧及不到事業。於是，一些職業人士不由自主地走入了誤區：既然如此，那就以事業為重吧，家庭只好擱在一邊。

事業型人士一般都有較明確的追求或身負一定責任，工作繁忙，時間緊張。若要求他們對配偶無微不至、事事周全恐不合乎現實。其實重要的是講求關心的品質，關鍵時刻，緊要環節要照顧到。

要做到這一點，就要瞭解什麼是對方及孩子的特殊愛好和最需要你的時候。

如有的另一半希望週末能有你陪伴品茶看電影；有的喜歡節假日全家郊遊；有的很重視生日、結婚紀念日等有紀念意義的時間；孩子則要求家長務必出席家長會等等。

　　這類事情一般都是稍加留意就能注意到的，你應該在可能的情況下排開日程，儘量滿足他們的精神需求。

　　雖然事業和家庭確實存在矛盾，但並不是絕對對立的，只要你肯重視這矛盾，事業和家庭是完全可以兼顧的。作為一名職業人士，你必須正視這個問題，把事業和家庭都裝在心中，既有利於家庭，也有利於事業，做到這一點對你來說，也許並不是難題。

有所背負
反而走得更遠

老子說，「重為輕根，靜為躁君，是以君子，終日
行不離輜重，雖有榮觀，燕處超然。奈何萬乘之主，而以
身輕天下，輕則失根，躁則失君。」這句話的意思是，厚
重是輕率的根本，靜定是躁動的主宰。因此君子終日行
走，不離開滿載行李的車輛，雖然有美食勝景吸引著他，
卻能安然處之，因其有備無患，所以行走自如，泰然自
若。無奈的是大國君主卻以輕率躁動治天下，須知輕率就
會失去根本，急躁就會喪失主導。

「重為輕根」的「重」字，可以作為厚重沉靜的意義
來解釋，重是輕的根源，靜是躁的主宰。「聖人終日行而
不離輜重」，並非簡單指旅途之中一定要有所承重，而是
要學習大地負重載物的精神。大地負載，生生不已，終日
運行不息而毫無怨言，也不向萬物索取任何代價。生而為

人，應效法大地，擁有為眾生挑負起一切苦難的心願，不可一日失去負重致遠的責任心。

有人說，世界上只有兩種動物能到達金字塔頂。一種是老鷹，另一種就是蝸牛。鷹矯健、敏捷、銳利；蝸牛弱小、遲鈍、笨拙。鷹殘忍、兇狠，殺害同類從不遲疑；蝸牛善良、厚道，從不傷害任何生命。鷹有一對飛翔的翅膀，蝸牛背著一個厚重的殼。

與鷹不同，蝸牛到達金字塔頂，主觀上是靠牠永不停息的執著精神，客觀上則應歸功於牠厚厚的殼。蝸牛的殼，非常堅硬，它是蝸牛的保護器官。

有一次，一個人看見蝸牛頂著厚重的殼艱難爬行，就好心地替牠把殼去掉，讓牠輕裝上陣，結果，蝸牛很快就死了。正是這看上去有些負重的殼，讓小小的蝸牛得以萬里長征，到達金字塔頂。有時，有所背負，反而才能夠走得更長久。

有位人員從一個原本清閒的單位調到了最忙的部門做系主任，當別的部門都沒事的時候，他的部門仍舊喘不過氣來。

一開始他覺得很累很煩躁，但是慢慢的，他習慣了這

種高節奏、高強度的生活，做事也更快更有效率。在他的帶領下，部門效益越來越高，不停有人向他提出申請要調到他的部門來，上級對他也是大加讚賞。不久上司出國深造，他就接替了上司的職位。

　　事情越多才越能證明自己的存在價值。每個人每天都背負著各種各樣的東西，在艱難中前行。它也許是我們的學習，也許是我們的工作，也許是我們必須承擔的責任和義務。但也是這些責任和義務，構成了我們在這個世界上存在著的理由和價值。

　　所以，請不要埋怨學習的繁重，工作的勞苦，因為真正的快樂是挑戰後的結果，沒有經歷深刻的痛苦，也就體會不到酣暢淋漓的快樂！

沉默是應對流言
最好的辦法

忍字頭上一把刀，受欺負難忍，受謾罵難忍，受侮辱難忍。不過最難忍的，當數誤解。明明一個好人，卻被人誤解為居心不良，這種傷害是刻在心上的，刀刀見血，疼痛不堪。

世人最多承受幾句謾罵就到了隱忍的極限，高僧大德卻能忍人所不能忍，讓我們看到何謂人性的堅韌。

月船禪師不僅是一位有名的禪師，而且是一位繪畫高手。他的畫氣勢磅礴，但卻貴得出奇，並且他還有一個習慣，就是要先收錢再作畫。

女子要求禪師去家中當眾作畫，禪師答應了。當禪師作畫完畢後，女子又讓禪師在其裙子上作畫，她說：「畫雖好，可是透著金錢的污穢，只能用來裝飾我的裙子。」

禪師作畫完畢後若無其事的離開。

別人聽說此事非常納悶，禪師衣食無憂，為什麼如此看重金錢？只要給錢，好像受任何侮辱都無所謂，真是不可思議。

原來，月船禪師禪居之地常發生災荒，而富人不肯出錢賑災，因此他準備建造一座糧倉，以備不時之需。

心理學研究發現，人大都有好奇心理，也有愛傳遞資訊的特性。特別是對那些新鮮、奇特、敏感的資訊，更容易傳播。有的人聽到某消息即使開始不那麼相信，但聽得多了也就漸漸信了。

萬一有一天你也不信被流言擊中，那麼請千萬保持冷靜。很多流言的製造者要的就是一種：讓你急、讓你鬧。如果你連冷靜都做不到，就已經讓那些人達到了目的。

所以當流言四起的時候，你可以做的就是靜下心來分析，這種流言對自己造成不利的地方是什麼，有些流言本身矛盾百出是經不起時間考驗的，你不必大動干戈去澄清，讓時間還自己一個清白。

這天，母親又在數落女婿的不是了：「你們真是年輕

不懂事啊，債是不能隨便借的，貸款買房子我們已經很反對了。最近他說又辦了一張信用卡，上個月買的東西，可以到這個月再付錢，這樣的男人太不負責任了。」她一聽，生氣了，因為她並不知道先生最近辦了信用卡。

這本來也沒什麼大不了的，可是最近兩人正為房子貸款省吃儉用，日子過得比以前艱苦多了。她逛街看到喜歡的衣服都捨不得買，他居然私下辦了張信用卡。

當天晚上，結婚三年的恩愛夫妻，少有地吵了一架，並以冷戰收場。先生並沒有說清楚為什麼要辦信用卡，因為太太怒氣沖沖，他也拉不下臉來解釋。

其實，先生當時只不過是剛好經過一個信用卡的推銷攤位，他喜歡這種紀念版的信用卡，而且同時還辦了一張副卡，只是尚未來得及送給太太。

如果不偏聽偏信流言，而是沉著冷靜的先分析清事情的來龍去脈，再問當事人的原因，這樣會避免很多的矛盾產生。對付流言最好的方式就是沉默以對，等流言不攻自破。做人如果能夠將外界的閒言碎語當做耳邊的一陣風一樣，任它吹來，任它吹去，不為所動，就會省卻很多煩惱，擁有一個清靜圓滿的人生。

過於計較是在
和自己過不去

生活中我們不要索求太多，因為對任何人、任何事寄予太大的希望，往往會事與願違！生活不會永遠一帆風順，正因為如此，我們的生活才有滋有味、絢麗多彩。在跌宕起伏中保持一顆平常心很重要，不以物喜，不以己悲，寵辱不驚，去留無意，在平淡中給自己一分力量，在喧鬧中給自己一分寧靜。

他曾經在自己的工作領域做得非常出色，也在政府部門升遷得很快，正當他對未來躊躇滿志、準備以緩衝姿勢繼續向上爬時，他卻卡住了！

這對一向自信的他無疑是一種打擊，於是開始對現在的工作無法投入心思，對未來又沒有準確把握，心情鬱悶至極。

不要太計較得失，那只會讓你每天處於哀怨狀態！珍惜自己擁有的，每天儘量保持快樂的心情，不要計較是否有結果，就如我們職稱考試一樣，只是去努力完成這個過程，或許，不經意間就有了結果！

她初涉社會，找到一個不錯的工作，這份工作她很喜歡，因為兼具挑戰性和穩定性，長遠看來也很有發展潛力。她十分慶幸自己的好運，和同事混熟後，更覺得工作環境和人際關係都很不錯。

一天，她和同事在聊天時，一位比她晚進公司的同事問她月薪多少，兩人比較之下，她發現自己比同事的月薪少了一千元。

「那個同事比我晚進公司，工作能力又沒我強，月薪竟然比我高！真是太過分了！」她生氣地說，從此上班也失去了原有的快樂心情。

她有種被打敗的感覺，就連原來因為盡全力達成目標時所帶來的成就感和踏實感也棄之不顧。那一千元奪走了她的自尊、內心平靜和自給自足的快樂。所有的事都改變了，只因為她覺得自己比別人「少了一些」。

我們終日計較自己「夠不夠多」，而忽視你內心真實需要的那份快樂。相反，如果我們解開了這個結，可能會過得更輕鬆、更自由。有生活智慧的人，會有所不為，只計較對自己最重要的東西，並且知道什麼年齡該計較什麼，不該計較什麼，有取有捨，收放自如。

快樂是一種獨特的體驗，只要樂趣真實常在，無論雅俗，都會活得有滋有味，也用不了太多的心思，你就會發現活著本來就不錯。比如說，你有大本事或小本事，朋友多，會有種種發跡的機會；你擁有愛情，擁有家庭，擁有多彩的故事，你總有一些盼望，會發現一些趣事，甚至某個消息、某個話題、某種現象都能讓你興奮。這興奮可能太俗，讓人瞧不上眼，或根本就不值。但只要是真實快樂的體驗，也就夠了。即使是真正遇上不稱心的事，也別跟自己過不去，這樣你便能從容應付、瀟灑地走出困境。

糾結於表象
才會痛苦

儒家講「有」，重在影響實際生活，道家講求虛無自在，悠悠蕩蕩一水間，別無牽掛，逍遙於俗世之外，不計苦樂，只求我心悠然。「有」也好「無」也罷，都是一種生活態度，都是以自己獨特的價值理想來處世為人，因此，「有」並非孤行於世，「無」亦非「四大皆空」。而是快樂生活，超脫煩惱的智慧與途徑。

十年前，他和同學在同一家公司工作五年後，不約而同的積蓄了一百萬，於是他貸款買了一間房子，同學貸款買了一輛高級轎車。同學每天開著車來回公司，惹來不少羨慕的目光，而他只能趕公車，坐火車，灰頭土臉。

十年後，他把房子賣了，得到一千萬，於是他辭職去其他城市買了車、買了房子，換了個穩定的新工作，日子

過得輕鬆愜意。而同學的二手車只值十萬元，他除了十萬元一無所有。

人們容易糾結於某一事物的表象無法自拔，乃至身處世而心有煩憂，涉江湖而不得解脫，一如范仲淹所言，是進亦憂，退亦憂，其實任何東西都可以相互轉化，荊棘可以成坦途，路始終都在，關鍵在於我們的視角和方法。

美國心理學家曾在麻省理工大學對兩個班級的學生做了一個試驗。在上課前，他告訴學生，將會有一個新的研究生來替他們代課。他告訴這些學生關於研究生的一些資訊。

他向兩個班都提到這個研究生勤勞、務實、果斷等，不同的是，他向前一個班介紹說他熱情，向一個班介紹說他冷漠。儘管只是一詞之差，其結果卻是相差甚遠。前一班的學生與研究生似乎一見如故，交談熱烈。後一班學生卻對他敬而遠之，不願與他交談。

如歌德所說，人們看到的，正是他們知道的。現實生活中，人們總戴著有色眼鏡來看事物，更願意去相信透過

眼睛看到的表象，而很少透過事物的表象去深入探討事物的本質與內在。

在現實生活中，某些表面現象很容易遮蔽你的眼睛，造成用人或是對事物認識上的偏差，而產生不必要的損失，甚至與人反目成仇，現代有，古代也有，都是因為表面現象把你的眼睛給蒙蔽了，等自己搞清楚時，已經很難挽回因此而帶來的損失，這是生活現象。

我們每一個人的一生中，不可能不交朋處友，與人合作，也因為對人的認識瞭解不夠，或多或少地把對方給埋沒了，也因此把事情辦壞辦砸，在這方面，人類付出的代價最大，應該值得思考。

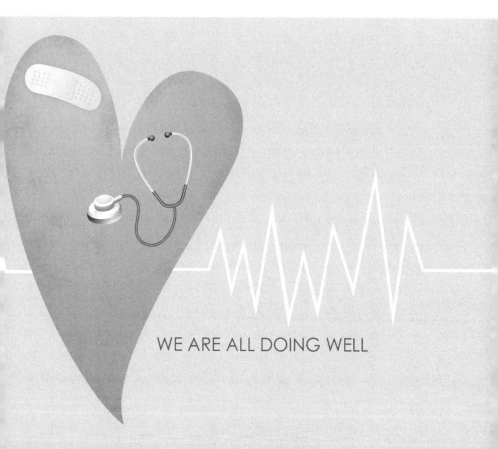

Chapter 6

相信自己
會變的更好

WE ARE ALL DOING WELL

用轉念
對付想法

高度決定視野，角度改變觀念，尺度把握人生。這句話，深感精闢而富有哲理。

從不同的角度，不同的側面去看待一件事或一個人，往往會有不同的感受和認知，進而修正自己對某件事或某個人在感受和認識上的偏差，這對調整自己的心態、對自己處世觀的把握，對自己人生軌跡的選擇大有益處。當你面對缺憾心中煩悶時，當你的思路被桎梏時，不妨換個角度，改變觀念，就會收到「柳暗花明又一村」的驚喜。換個角度看人生，是一種明智的選擇。

從前有個老農守著祖先留下的三十畝地，含辛茹苦過了一輩子，臨死前想把這三十畝地平均分給三個兒子。

老農問大兒子：「你有了十畝地會用它來做什麼？」

大兒子說：「我會把地賣了，用這筆錢開個水果店」。老農直搖頭。

老農接著問二兒子。

二兒子說：「我也會把地賣了，然後買輛馬車開始做運輸工作」。老農又是搖搖頭。

最後，老農問小兒子，小兒子說：「種田，這是我們的祖業，地說什麼也不能賣」。老農聽後笑了，安心的閉上了眼。

後來老大賣了地，開了個水果店，店的生意越做越大還連開了好幾家分店。老二賣了地，買了輛馬車做運輸工作，過了幾年馬車換成了汽車，再後來又開了運輸公司，也成了老闆。

三兒子守著十畝地種田養家，因為本來種地收入就不高，再加上遇到幾次災荒，家裡的米桶都快空了，最後沒辦法，只好去和兩位哥哥借錢。他的哥哥都感嘆弟弟當初觀念太落後，才會變成現在這個樣子。

因為不肯改變觀念，與時俱進，最後的結果將是被時代拋棄。而跟上時代的步伐，隨著時代的進步不斷改變自己的觀念，不斷努力的人，最後才能摘到成功的果實。

　　一個男孩被媽媽責罰，他跑出家，來到山腰上對著山谷大喊：「我恨妳！我恨妳！我恨妳！」

　　山谷傳來回應：「我恨你！我恨你！我恨你！」

　　男孩吃了一驚，跑回家去告訴他媽媽說，在山谷裡有個可惡的小男孩對他說恨他。他媽媽把他帶回山腰上並讓他喊：「我愛你！我愛你！」

　　男孩按他媽媽說的做了，這回他發現有個可愛的小男孩在山谷裡對他喊：「我愛你！我愛你！」

　　世上萬事萬物都具有兩個方面，本來沒有絕對的是非問題，許多表面看似相同的，可能是相殊甚遠；而表面相殊的，倒可能有質的相同。同樣的狀況，當我們從不同的角度去看時，就會產生不同的心態。

　　換個角度不僅使你擁有了平靜的心，更擁有了一份寬容與真誠。生活中令人煩惱的事情很多，假如你事事都要刨根問底，弄出誰是誰非來，日子能顧得過來嗎？

　　時光易逝，經歷本來就是一種財富。換個角度，想想對方，想想不如自己的人，你會驚喜地發現，自己的生活原來也是充滿歡樂的。甚至憂愁、煩惱也成了幸福生活中可愛的調味品，令人難忘。

回觀自己，
不被情緒左右

喜怒形於色的人，總是被情緒起伏不定困擾著，是不是修養不到家？很多人是弄不懂，到底人為什麼會有情緒？情緒的來源、意義及本質為何？或這樣說好了，情緒存在的真正目的是什麼？

這實在是一個非常大的題目，絕對有必要從新時代身心靈的觀點來好好探討一番。就宗教的修行觀而言，情緒似乎是個不受歡迎的東西，宗教多是期待人們必須表現出平靜、祥和，且彷彿永遠不動怒的樣子。

一旦你輕易地動怒，一個原因是你的修養不夠，修行沒到家；另一個原因則是你前世不修、業障太重。因此，憤怒、嫉妒、悲傷這類的情緒，是一個人的靈魂提升不夠才會出現，也是屬於世俗眾生、凡夫俗子的特有產物。

一個修行人被期待臉上必須永遠掛著笑容，必須永遠

不能動怒，一動怒就破功了。

你曾經有過這樣的經歷嗎？考試前焦慮不安、坐臥不寧？受到老師父母批評後眼前一片空白，不願上班。和同事、朋友爭吵後，氣得上街亂逛；買一堆不合時宜的東西洩憤？

像這類「犯規」的舉止，偶爾一次還不要緊，如果經常這樣，可就要小心了！因為不知不覺中，你已經成了「感覺」的奴隸，陷於情緒的泥淖而無法自拔，所以一旦心情不好，就「不得不」坐立不安，「不得不」曠職、「不得不」亂花錢、「不得不」酗酒滋事。這樣做不僅擾亂了自己的生活秩序，也干擾了別人的工作、生活，喪失了別人對你的信任。

對有些人而言，情緒這個字眼不啻洪水猛獸，避之唯恐不及！上司常常對員工說：「上班時間不要帶著情緒。」

妻子常常對丈夫說：「不要把情緒帶回家。」……這無形中表達出我們對情緒的恐懼及無奈。也因此，很多人在壞情緒來臨時，莽莽撞撞，處理不當，輕者影響日常工作的發揮，重者使人際關係受損，更甚者導致身心疾病的侵襲。

164

與自己的 心靈溝通

太累了，你會迷失自己；太閒了，你同樣會迷失自己。所以要時刻保持警惕，不斷提醒自己，別迷失了自己。人需要群居，也需要獨處。因為人不僅需要彼此交流、相互溝通；更需要獨處靜思，與自己的心靈溝通。

澳洲一位動物學家從亞馬遜河流域帶回兩隻猴子，一隻壯碩無比，一隻瘦小贏弱。他把牠們分別關在兩隻籠子裡，每日精心餵養，並觀察牠們的生活習性。一年後，大猴子死了，小猴子還活得好好的。

為了不中斷研究，動物學家又抓來一隻壯碩的猴子，可是不久，這隻壯碩的猴子又死了。

數年後動物學家又重返那個地方對猴群進行研究，結果發現，凡是體格壯碩的猴子，「人緣」關係都比較好。

其他猴子弄到好吃的，牠都能分享到一份。但這類猴子很少能靜下來，牠們總是處在不停地追逐嬉鬧之中。

而那些善於曬太陽和閉目養神的猴子則不同，牠們被捉住後，卻能長時間地活下來，而不像那些不善於獨處的猴子，很快就死掉。

這位動物學家因此得出結論：缺乏交往的生活是一種缺陷，缺乏獨處的生活則是一種災難。

人生在世，既要善於與人交往，重視從人際交往中獲取樂趣，更要重視內心世界的建設，懂得與自己的心靈交談，從優雅、寧靜的獨處中感悟人生。當然，這不同於一味地離群索居，整天把自己關在屋裡耽於幻想，而是工作、學習之餘自娛生活的一部分。

很多時候覺得很累，是生活瑣事，不大不小，卻在自己的內心掀起波瀾，心裡總是七上八下的，靜不下心來，一切亂糟糟的，有時什麼事情也不想去做，因為沒有了精力，沒有了心思。是自己打敗了自己。有一句話說，每個人都是一座山，世界上最難攀越的山。

只有與別人溝通才知道別人在想什麼，不溝通當然不會瞭解。同理，只有和自己溝通才知道自己想要的是什

麼，自己正在做什麼以及自己該做什麼。

擁有寧靜的心靈世界本來就是美好生活必不可少的，每個人內心深處都有一個這樣的避風港灣。當我們在人生的路上感覺疲憊的時候，不妨在此享受片刻的溫馨。將生活的瑣碎和工作的壓力都拋在腦後，靜靜聆聽心靈的聲音，與自己交談。

與自己的心靈交談、與自己相處是一種藝術、一種境界。在與自己的談話中，才能發現一個真實的自己，保持一份冷靜和坦然。在與自己的談話中，才能為我們帶來思想上的頓悟和昇華。

當我們面對自己，便可摘下種種面具、包袱，得到徹底放鬆，把心靈中的真實情感和盤托出，細細梳理、慢慢品味。當面對自己，回首往事，正可給自己一個靜思內省、捫心自問的機會，淨化藏汙納垢的靈魂。

擺脫舊有的
家庭模式

男性擁有強悍的體格、領導的天性，女性嬌滴滴、勤勤懇懇做家務，這在許多人的眼裡都是理所當然的。在中國傳統的平民婚姻家庭觀中，「男主外、女主內」曾被認為是最好的家庭管理模式。

不過隨著社會的發展，其包容力也開始日益強壯。女人有著越來越多的機會和男人勢均力敵，許多職業女性不僅要家庭，也要事業。同時，很多男性也嘗試著把女人放在「婚姻夥伴」的位置上，開始去考慮更合理的家庭經營模式。

傳統的「男主外、女主內」不再是唯一，「男主內、女主外」開始被越來越多的人接受，甚至被一些人視為生活時尚、追求幸福的更好模式。

　　三十四歲的妻子和三十六歲的丈夫五年裡生了四個孩子。頭兩個孩子屬於「計畫內」，後來一對雙胞胎兒子的意外來臨使家庭負擔驟然加重。

　　如果夫妻兩人都繼續工作，白天雇人看孩子的費用將使他們捉襟見肘。

　　「必須有一個人辭職待在家裡，」妻子說。她在一家保險公司裡做行銷，全家的醫療保險都靠保險公司提供，她的工作對家庭來說更為重要。

　　於是大約一年以前，丈夫辭去了地產經紀與諮詢師的工作，成為一名「家庭煮夫」。

　　這不是個容易的決定。「當時覺得很有壓力，」丈夫說，「要是你在五年前問我是否會這麼做，我會說：這絕對不可能」

　　到底，做個「獨當一面」的女人能不能被人理解，當個「家庭煮夫」會不會很沒面子，家庭這部巨大的機器該如何協調，才能和諧運轉？

　　他是一位公務員，他在年初娶了一位從事國際採購的妻子，二十五歲的妻子事業正處於上升階段。由於負責與

國外客戶的聯絡工作，平日裡時常加班，是一位標準的女強人。

妻子忙於工作，心疼妻子的丈夫非但沒有絲毫怨言，反倒心甘情願地當起了「賢內助」，這讓妻子感動不已，「下班後回到家，就想吃上一口熱飯菜，泡個熱水澡，沒想到，結婚前他答應我的話如今都一一實現了。」

埋頭於廳堂廚房，卻為他在同事、朋友圈裡贏得了一個好名聲。小莫坦誠地表示，他並不介意妻子取得比他卓越的成績，更不介意蝸居家中做一名「家庭煮夫」，家裡家外無非只是分工不同罷了。

燒了一手好菜，常被周圍朋友視為有生活情趣的表現，這讓他獲得了另外一種成就感。

有關人士分析，很多家庭的小孩都是由爸爸帶大，印象中的母親卻常在外應酬，男「賢內助」現在具備了良好的群眾基礎。何況如今女性解放的呼聲日盛，隨著女性扮演社會與家庭經濟角色的日益突顯，男人也願意一頭鑽進家中，除追求自我放鬆之外，他們也樂於在充滿想像的空間裡指揮雞鴨魚肉赴湯蹈火，變著花樣妝點出活色生香的幸福生活。

愛為我們的心
注入新的活力

普蘭特斯·馬福德曾說過，「愛是一種元素，雖然肉眼看不到，卻如空氣或水一般真實。它是一股行進中的、有生命力的、流動著的力量……它如同海裡的波浪和潮水般流動著。」

愛是什麼呢？愛是一種發自內心的情感，無論是父母的愛，還是情人的愛，抑或是朋友的愛，都能為傷心失意的你帶來新的力量，為你注入新的活力，讓你充滿勇氣面對生活。

一個小男孩因自己瘸腿覺得自卑。一天，小男孩的父親從鄰居家討了一些樹苗，他叫他的孩子們每人栽種一棵。

父親對孩子們說，誰栽的樹苗長得最好，就給誰買一件他最喜歡的禮物。小男孩也想得到父親的禮物。但看他

澆過一、兩次水後,再也沒去搭理它。

幾天後,小男孩再去看他種的那棵樹時,驚奇地發現它不僅沒有枯萎,而且還長出了幾片新葉子,與兄妹們種的樹相比,顯得更嫩綠、更有生氣。父親兌現了他的諾言,為小男孩買了一件他最喜歡的禮物,並對他說,從他栽的樹來看,他長大後一定能成為一名出色的植物學家。

從那以後,小男孩慢慢變的樂觀向上。

一天晚上,小男孩躺在床上睡不著,看著窗外那明亮皎潔的月光,他忽然想去看看自己種的那棵小樹。當他輕手輕腳來到院子裡時,卻看見父親用勺子在替自己栽種的那棵樹施肥。

也許你只是付出一點點微不足道的愛,就可以改變一個人的一生;也許,一個不經意間作出的決定就能挽救一個人的一生,也許就是一個不起眼的瞬間,奇蹟就會發生。

一個少年在企圖行竊時,被一位躺在床上的女孩發現了。女孩並沒有報警,而是裝作不知道他是小偷,熱情地邀請他與自己聊天,他們聊得很開心。

　　少年臨走前，女孩用自己的小提琴為他拉了一首曲子，然後把琴送給了少年。後來，少年再去找女孩時，發現女孩因罹患骨癌已離開人世，在她青色的墓碑上鐫刻著「因為不忽視生活中每個轉瞬即逝的一個閃念，所以我快樂」。少年從此變了樣，他在貧困和苦難中重拾自尊。心中燃起了走出逆境的熊熊烈焰。

　　最終昔日的少年成材了，在世界一流的悉尼大劇院，他深情地拉起了悠揚的曲調──獻給那位女孩。

　　生活裡充滿了愛，哪怕是別人不經意的一次讓座，或是一次無意的善意舉動。一點點的愛，能給自己、給別人帶來新的活力，愛是人與人之間和諧相處的潤滑劑，是心與心溝通的橋樑，也是一種財富的儲蓄。它讓你和你身邊的人感情更純真，也讓我們的生活更美好。

微笑
決定幸福

人的臉部表情親切、溫和、充滿喜氣，遠比他穿著一套高價、華麗的衣服更引人注意，也更容易受人歡迎。

在職場中，一個人對你滿面冰霜、橫眉冷對；另一個人對你面帶笑容、溫暖如春，他們同時向你請教一個工作上的問題，你會歡迎哪一個？當然是後者，你會毫不猶豫地對他知無不言，言無不盡，問一答十；而對前者，恐怕就恰好相反了。

輝雄是一家公司的經理，他幾乎具備了成功男人應該具備的所有優點：他有明確的人生目標，有不斷克服困難、超越自己和別人的毅力與信心；他大步流星、雷厲風行、辦事乾脆俐索、從不拖逕；而且，他總是顯得雄心勃勃，富於朝氣。

　　他對於生活的認真與投入是有口皆碑的，而且他對同事們也很真誠。

　　但初次見到他的人卻對他少有好感。為什麼呢？原因是他幾乎沒有笑容，即便在輕鬆的社交場合也是如此。公司的女員工見了他更是畏如虎豹，男員工對他的支持與認同也不是很多。

　　而事實上他只是缺少了一樣東西──就是動人的、微笑的面孔。

　　沒有人喜歡與整天皺著眉頭、愁容滿面的人打交道，更不會信任他們。

　　微笑是一種令人愉悅的表情，可幫助你建立良好的人際關係。古龍曾說過：「愛笑的女生，運氣不會太差。」

　　她畢業於一所有名的師範學院中文系，在工作崗位已經兩年了。兩年前，她在一家報紙上看到一則招募廣告，正好是她感興趣的廣告設計公司。

　　於是她抱著試試看的態度，到公司參加面試。面試成功後，她成了這家廣告公司的一名正式員工。

　　工作後的一次偶然機會，她問總經理，在那麼多參加

應徵的求職者中，總經理為什麼會選擇她？

總經理的回答有些出乎她的意料：「是妳的微笑感染了我，透過微笑，我看到妳有一種其他求職者不具備的自信。」

不難發現，在工作中，我們要學會微笑。微笑不僅能夠展示自信，也向用人單位傳遞了一種積極的態度，善於微笑的求職者獲取職業的機會總是比較多的。

所有的人都希望別人用微笑去迎接他，而不是橫眉豎眼，因為這阻礙了心靈思想的交流。

曾經聽說過這樣一個連鎖反應：當一個人對他人投以微笑，會使人心情愉悅，其他的人也會將這種愉悅相互傳遞下去。

在工作中，我們一定要將微笑傳遞給他人，相互之間營造一個和諧的工作環境。

經常有人會這樣說：「讓我們帶著微笑去生活吧！」既然生活與工作是密不可分的，那麼不如把這份微笑帶到我們的工作當中，每天讓自己在工作的時候發自內心地笑幾次，不但可以使工作變的更加輕鬆，也同樣會給周圍的人一個更加良好的印象。帶著這份輕鬆的心情回家，也同

樣會使你的家人感覺到你的溫暖。

　　帶著微笑去工作，也不僅僅是一句普通的祈使句，它的功效還在於使我們在工作中遇到問題能夠冷靜、沉著地去思考，去解決。

用心去
體會生活

生活給予每個人的快樂大致上沒有差別：人雖然有貧富之分，然而富人的快樂絕不比窮人多；人雖有名望高低之分，然而那些名人卻並不比一般人快樂到哪去。人生各有各的煩惱，各有各的快樂，只是看我們能夠發現快樂，還是發現煩惱罷了。

生活本來就是柴米油鹽這些繁瑣而又現實的組合，每個人的生活都是如此。與其看不如意的方面，不如學會尋找樂趣，看生活中好的一面。用心去體會平凡中的幸福與快樂，那麼微笑就會時常掛在嘴角，幸福的甜蜜也會永駐心間。

年輕的他曾是被很多人崇拜的鞋子設計師，可是最近的他卻遭遇了令人意想不到的慘痛的失敗，他設計的新款

鞋子無法得到市場的認可，給公司帶來近千萬的損失，後來他被解雇，而他的事業即將面臨毀滅，美豔的女友離他而去。

還不止這些，他突然接到父親去世的消息，他來不及平復事業和愛情的打擊，勉強支撐著為父親料理後事。

他的心再也感覺不到生活的希望，他決定參加完父親的葬禮就自殺！但是朋友告訴他，他失去的只是很小的一部分，他還有母親和妹妹的支持，還有無數的朋友，還有自己的生活。

他大受啟發，於是他振作起來，終於，他設計的鞋子受到了市場上熱烈的迴響，於是另一家公司高薪聘請了他。

想要成功，必定需要奮鬥，然而，奮鬥的過程那麼艱苦，那麼勞累。

在你起跑點到勝利的終點一路上，往往會有人生的絆腳石，有多少人禁不住別人的誘惑而半途而廢呢？因此，不論別人怎麼說，你都要堅持走到最後，證實所到達的最後並不像別人所謂的那麼令人失望。此刻，你就能感受到成功的喜悅，更能感受到生活的豐富多彩。

　　每個人都有夢想，也一直為自己的夢想堅持著、努力著、奮鬥著，再苦都不覺得累。平時看著光鮮的明星，也都是從端茶遞水開始做起，然後再跑龍套，再接戲，沒日沒夜的拍戲。

　　他們為自己的夢想付出了多少，一路上撒了多少汗水與精力，背後的艱辛與辛酸只有他們才知道。儘管過程很痛苦，但當達到勝利彼岸的時候，你會看到生活的多姿多彩。

　　人生的道路並不總是一帆風順，這與成功的道路是息息相關的，可能挫折的滋味是痛苦的，但是俗話說得好：「陽光總在風雨後」，不經歷風雨怎能見彩虹？每個人必定嘗過挫折的滋味，但挫折過後應該就是成功吧！此時，你應該不再計較挫折的痛苦與否，而要留意著生活的美好。

　　孤獨，「孤」和「獨」兩個字分開來解釋也差不多，都表示一個人，一個人當然很冷清，很寂寞。但是生活中，你越是成功，在你身邊的人就越少，此時你要習慣孤獨，享受孤獨，在成功的路上勇往直前。

快樂的回憶
帶來現在的快樂

我們的社會被「我現在就想要」這一思想所占領，問題並不在於我們現在就想要快樂，而是在於我們已經不知道如何享受快樂了。

特別是我們說「我現在就想要」的時候，是心存疑慮的，而並不是真正相信「它現在就在這裡」。我們對「現在」失去了信仰，卻轉而信奉想像中的未來。與此類似，我們也不再信任自己，卻把所有的注意力投諸外界——這便是我們苦惱的源泉。

只要你還相信你的快樂取決於外部世界，那你便仍然深陷於失望和悲傷的泥潭。為什麼呢？你拒絕承認自己有內在的潛力去享受現在的快樂，所以在外部世界，你也看不到這樣的力量。世界只是一面鏡子，你在自己的內心見到了什麼，在外部世界也會見到什麼，不會多，也不會

少。快樂其實就在你心裡，在你的回憶裡，「它現在就在這裡」。

　　有位年輕人去請教大師，如何才能得到永久的快樂，想要大師傳授給他永遠快樂的智慧。

　　大師笑了，他說：「能做到沒有不快樂的事，就能永久快樂了。」

　　年輕人說：「就這麼簡單嗎？」

　　大師說：「就這麼簡單。」年輕人不解，永遠快樂和沒有不快樂不是一回事嗎？

　　大師繼續解釋說：「當你心胸寬廣，世界上便沒有值得讓你不開心的事情，你的回憶都是快樂的，那麼你還要去求什麼快樂呢？」

　　年輕人茅塞頓開，從此不再煩心憂愁。

　　羅曼·羅蘭說過，所謂內心的快樂，是一個人過著健全、正常、和諧的生活所感到的快樂。生活中有很多堅強的人，即使遭受挫折，承受著來自於生活的各種各樣的折磨，他們在精神上也會巋然不動。

　　充滿著歡樂與戰鬥精神的人們，永遠不會為困難所打

到，在他們的心中始終承載著歡樂，不管是雷霆與陽光，他們會給予同樣的歡迎和珍視。

　　他在公司人緣很好，每天樂呵呵的，似乎從來沒有不開心的事情。

　　別人向他討教開心的祕方，他說：「我每天會拍下一些身邊快樂的事情，比如喜歡的植物、鄰居家的孩子和婚禮等等，當我看到這些照片的時候我覺得我沒什麼好不開心的，我的回憶都是快樂的回憶，所以我沒什麼好抱怨的，也沒什麼好不開心的。」

　　於是同事紛紛向他學習此法，開始互相分享每天遇到的開心的事情，彼此贈送開心的小照片。自此整個辦公室都充滿了歡聲笑語，無論是業績還是士氣也提高了許多。

　　如果你每天記住的都是快樂的小事，減少抱怨和煩躁，那麼你的回憶也是快樂的。當你想到這些快樂的回憶的時候，這些回憶帶給你的是一種新的快樂感覺。

　　這種快樂的感覺會充斥在你今天一天的生活之中。如此形成良性循環，那麼你還有什麼好不開心的呢？

在工作與生活間
掌握平衡

工作與生活就像你的兩翼，只有兩翼對稱平衡，你才不會失重，才能展翅高飛。

三十五歲以前的你，不要因為埋頭工作而忽視生活，也不要因為享受生活而放棄工作。

工作與生活雖然有時會有衝突，但並不矛盾，如果你處理得當會相得益彰。只有掌握生活與工作之間的平衡，做工作與生活的雙贏家，才能收穫真正的幸福。

對於成功者來說，人生的成功並不局限於辦公室。要做一個有著平衡生活和工作的成功者，就意味著是工作在為你服務，而不是你為工作服務。不要做工作狂，沉迷於工作是一種嚴重的疾病，如果不及時治療，會導致心理和生理上的問題。

　　有一位瑞典員工，是兩位小孩的爸爸，他每天早上七點多送完小孩上學後來上班，下午三點下班，然後去接小孩一起回家。

　　當聊起這兩個小孩，他便會手舞足蹈地描繪他的兩個孩子如何友愛，同時又怎樣搶玩具。對於他來說，孩子、妻子和家庭比工作重要得多。

　　有一次，正在討論問題的時候，下班時間到了，他說：「我約了女兒，我們明天再討論好嗎？」說完便急匆匆地趕回家陪女兒去了。

　　我們平時在工作中，即使是到了下班時間，如果手頭上的工作沒有告一段落，依然會主動地將它完成再走，儘管可以明天再做。

　　即使和家人約好，但是工作忽然要加班的時候，也只會和家人打個電話說會晚些回去。像這樣重視家人尊重和家人約定的，想來也很少了吧。

　　但家人其實想要的只是你的陪伴，少一次加班，多陪一次家人，會讓你的工作和家庭更和諧。

　　有位女士在停車場收費亭工作，有天有位顧客問她：

「待在這麼小的亭子裡有沒有過被困住的感覺？」

她說：「從沒有過。我是個作家，有航班降落時才會忙一點。其他時間我都在寫小說。」

她告訴那位顧客她正在寫一本小說，裡面的人物便是根據她在停車場遇到的各色人物所創作的。

自然，她旁邊的小櫃子上就放著一台筆記型電腦。

你是否覺得兼顧工作與生活太辛苦，其困難程度不亞於魚和熊掌兼得的妄想。但是如果你不嘗試，你怎麼知道自己做不到呢？

人生在每個時間段，重要的事情是不一樣的。可能原來看來無比重要的事情，再回頭望是已經不值一提。也許曾經困擾你很久的工作問題，因為時間變的無足輕重。

一時解決不了的問題，交給時間幫自己裁決。不要把工作和生活混為一談，這樣會影響工作的效率，也會降低生活的品質。

在上班的時候認真地工作，下班後就好好地去放鬆，去做自己想做的事情，開發自己的新興趣。不要把工作中的壞情緒帶回家，然後把自己的壞情緒再感染給家人，使大家都不快樂。

　　工作之餘，趁著還年輕，還有時間，多出去走走，總會看到不一樣的風景，工作中的壞情緒也會消散在大自然裡。宅在家裡只能看見自己，看不到別人的進步，停留在原地。

Chapter 7

尋找
心靈的寄託

WE ARE ALL DOING WELL

握住讓自己
快樂的鑰匙

有一位哲人曾經說過：一個人的心態就是一個人真正的主人，要麼你去駕馭生命，要麼是生命駕馭你，而你的心態將決定誰是坐騎，誰是騎師。

所以有情緒並不可怕，可怕的是不會管理情緒。心平氣和地對待一切事物，這樣我們的情緒才會保持在一種良好的狀態下。如果我們為別人帶來風雨、憂鬱、黑暗和悲觀，那麼他們也會報之以風雨、憂鬱、黑暗和悲觀。相反的，如果我們為別人獻上歡樂、喜悅、光明和笑聲，他們也會報之以歡樂、喜悅、光明和笑聲。如果我們學會控制情緒同時也能體察別人的情緒變化，這樣就更容易駕馭情緒。寬容別人的同時，更會使自己保持一份好的心情。

每人心中都有把「快樂的鑰匙」，但我們卻常在不知不覺中把它交給別人掌管。一位銷售人員抱怨道：「我活

得很不快樂，因為我經常碰到糟糕的客戶。」他把快樂的鑰匙放在客戶手裡。一位職員說：「我的老闆很苛刻，讓我很生氣！」他把鑰匙交在老闆手中。一個成熟的人會握住自己快樂的鑰匙，他不期待別人使他快樂，反而能將快樂與幸福帶給別人。

弱者任思緒控制行為，強者讓行為控制思緒。當我們縱情得意時，要記得挨餓的日子；當我們洋洋得意時，想想競爭的對手；當我們沾沾自喜時，不要忘了那忍辱的時刻；當我們自以為是時，看看自己能否讓風駐足。正如大師奧格曼狄諾所說，學會掌握情緒，做情緒的主人，是人生前行的關鍵。

當我們感到有壓力的情緒時，適時地放下壓力並好好地休息一下，然後再重新拿起來，才可承擔更久。而且還應學會，把壓力情緒分解，避免在一個時期，承擔太重的壓力。

通常我們向目標邁進的過程就像爬樓梯一樣，一次是絕對走不上頂層的，相反跳得越高就摔得越重，所以，必須一步一個臺階地走上去。將大目標分解為多個易於達到的小目標，每前進一步，達到一個小目標，就使他體驗了一次「成功的感覺」，而這種「感覺」強化了他的自信

心，又推動他穩步發揮去達到下一個目標。可見，「成功的感覺」源自對情緒的管理。

丹尼爾是美國著名心理學家，提出：一個人的成功，只有百分之二十是靠智商(IQ)，百分之八十是憑藉情商(EQ)而獲得。而情商管理的理念即是用科學的、人性的態度和技巧來管理人們的情緒，善用情緒帶來的正面價值與意義幫助人們成功。

情緒既然是我們生命的一部分，就像我們的手與腳、像我們累積的經驗和知識一樣，是可以為我們服務的。如果我們妥善發揮情緒的作用，不做情緒的奴隸，而成為情緒的主人，相信我們的人生是可以更好的。

學會發現並
獲得好心情

人生只有短短的幾十年，博得多少掌聲和豔羨的目光並不重要，重要的是你得到了幾許心安和做人的樂趣。

我們大多數人都不可能體會到獲得諾貝爾獎、奧斯卡獎等人生大獎時所帶來的激動與興奮，但人生中還有很多賞心悅目的樂事，例如一聲讚美，一個輕吻，親友圍坐，一席盛宴，而這些都是時刻環圍繞在我們身邊的。何必因為無法得到的東西而煩惱，要學會懂得享受人生中的小事。只要善於發現，快樂是無處不在的。

一家心理研究所透過對一千戶城市家庭的問卷調查，得出結論：快樂正悄然地離我們遠去，而焦慮已成為現代人的心病。現代社會競爭加劇而導致人們快樂減少焦慮驟增，社會把注意力過多地集中在行動的「目標」或「結果」上，而忽視了對過程的感受和體驗。

例如做飯時總把注意力放在儘快地做完，吃飽了肚子了事，結果因鍋碗瓢勺、油鹽醬醋、洗切翻炒，忙得不得喘息，也就心存厭煩之意。其實我們可以把做飯當成一個情感交流的好機會。

随著現代社會生活節奏加快，人們背負了更加沉重的工作和學習壓力。即使是一家人，也難得有溝通交流活動的時間，社會心理學的研究顯示，人和人之間的感情，是和相互之間的接觸機會和時間成正相關的。如果家庭成員都樂於做家務，這樣既提高了家庭生活的品質，也有利於成員之間的感情增進。

有一項「您每星期下廚的次數」的調查結果顯示，百分之二十三點六的人每星期下廚超過三到四次，百分之二十七點六的人每星期下廚超過五到七次，百分之三十四點七的人每星期下廚超過八次。

這麼多的機會如果能和家人共同奮戰，既可縮短做飯的時間，又可相互交流。我們不善加利用，豈不可惜？我們何不用一種平靜的心態對待這些瑣事，從中尋找興趣和快樂。

著名作家說過：「人可能沒有愛情，沒有自由，沒有健康，沒有金錢，但我們必須有心情。」如果你渴望健康

和美麗，如果你珍惜生命的每一寸光陰，如果你願為這世界增添晴朗和歡樂，你即使倒下也面向太陽，請保持住一個好心情吧。

健康和歡樂，不是每一個人都能常常擁有的，是需要發現也是需要培養的。

麥克卡蒂是克和夫蘭州立大學的教授。他為了和自己的孩子共用歡樂，而製作了一本幽默手冊。麥克卡蒂說：「我們叫它《真是荒唐》，並收集編錄其內容，結果它成了我們之間的一條真正紐帶。」

當然，編輯這麼一本幽默手冊很費時間，但我們可以自己備一份笑料，將自己喜歡的幽默故事剪輯起來，也可準備一本練習簿，記錄日常生活中的幽默軼事。這樣，快樂的習慣不就培養起來了嗎？

快樂為一種情緒，也是人的行為之一。正如彈琴是人的行為一樣，琴師經過練習可以用不著思考與決定，就可以習慣地按動琴弦，彈出悅耳的樂曲。同樣道理，人們經過練習，也完全可以培養出快樂的習慣。

美國賓夕法尼亞大學的馬丁・塞利格曼和他的同事研究發現能培養快樂的一個有效辦法是：每天晚上要想三件當天發生的高興的事，並分析其發生的原因。這會使人們

更注意發生的好事，同時使人忘記每天發生的不愉快。

愛默生也曾說過：「心理健全的尺度是到處都能看到光明的秉性。快樂或隨時保持人的思想愉悅的觀念，能夠在漫不經心的練習中巧妙地、系統地培養出來。快樂不是在你身上發生的事，而是你自己做的，取決於你自己的事。如果你等快樂主動降臨，或者碰巧發生，或者由別人帶來，那你可能要等很長時間。除了你自己以外，誰也無法決定你的思想。」

如果我們養成快樂的習慣，就變成情緒的主人而不再是情緒的奴隸。正如史蒂文生所說過的：「快樂的習慣使一個人不受——至少在很大程度上不受——外在條件的支配。」

好心情是生活的甜味劑，帶給你無窮的快樂，好心情是「漠漠水田飛白鷺」的閒情雅致，是「采菊東籬下，悠然見南山」的怡然自得。

誰能把握住歡樂的源流並匯聚成河，流過我們短暫的一生，誰無疑就是一個心頭有鳥聲啁啾、腳下有綠草鮮花的、智慧且心胸寬大的人！

「裝」出
好心情

有這樣一則新聞：日本人善於做生意，這是舉世公認的。但由於日本人強烈的東方民族的色彩，他們在做生意的時候不喜歡表露自己的感情，特別是不喜歡笑。所以，日本人在談生意的時候給人的感覺是壓抑和刻板的。由於日本人的主要交易夥伴大部分都是西方人，而西方人性格外向，喜歡幽默，因此這兩種文化之間往往會產生衝突。

為了能夠在生意場上更好地表達自己的情感，日本人想了很多辦法。公司的老闆為了讓職工面帶笑容，在下班之前的半個小時裡，訓練他們笑。具體的方法是每人發一支筷子，橫著咬在嘴裡，固定好臉部表情後，將筷子取出。此時人的臉部基本維持一個笑容的狀態，再發出聲音，就像是在笑了。

這種看似荒誕的做法是有著心理學研究依據的。這種研究的最主要問題是：究竟是情緒引起身體的反應，還是身體的反應引起情緒的變化呢？換句話說，人們是因為哭才憂愁，還是因為憂愁而哭；是因為恐懼而發抖，還是因為發抖而恐懼呢？

通常而言，人們都認為是情緒引起人的反應。也就是說，人們憂愁的時候才會哭，恐懼的時候才會發抖。但心理學家的研究表明並不完全是這樣。恰恰相反，人們會因為哭而發愁，會因為發抖而感到恐懼。這就是說，人的情緒是可以由行為引發的。根據這種觀點。人可以透過控制行為的方式來控制自己的情緒。日本人的面部表情的鍛鍊充分運用了這個觀點。

最常見的一個例子是，當你在生氣的時候，可以找一面鏡子，對著鏡子努力擠出笑容來，持續幾分鐘之後，你的心情果真會變的好起來。這種方法叫做「假笑療法」。實驗證明，假笑能觸動體內橫膜，具有很好的熱身效應。它好比將車鑰匙插進汽車中一樣，只要扭動鑰匙，引擎就會工作。假笑的道理也一樣，假笑時，體內橫膈膜會將假笑引發成真笑。不知不覺中，你會由衷地發出笑聲了。

美國著名教育家卡內基提出：「假如你「假裝」對工

197

作感興趣，這態度往往就使你的興趣變成真的。這種態度還能減少疲勞、緊張和憂慮。」

有位辦公室祕書，經常要處理許多煩瑣的書信文件，還要抄寫和打字，工作很枯燥無味，累得精疲力竭。後來她想：「這是我的工作，公司對我也不錯，我應該把這項工作做得好一些。」於是決定假裝喜歡這項實際自己討厭的工作。從此以後，她發現如果假裝喜歡自己的工作，那麼，真的就有點喜歡它了。

而且，一旦喜歡起自己的工作，就能做得更有效率。由於工作得好，她得到提升了。現在，她總是經常超進度完成任務，這種心態的改變所產生的力量，確實奇妙無比。

心理學家普遍認為除非人們能改變自己的情緒，否則通常不會改變行為。我們常常逗淚眼汪汪的孩子說：「笑一笑呀！」

結果孩子勉強地笑了笑之後，跟著就真的開心起來了，這就很好地說明了情緒的改變將導致行為改變。

英國心理學家霍特曾說過這樣一件事情：有一天詹姆斯感到意氣消沉，以前他應付情緒低落的辦法通常是避不

見人，直到這種心情消散為止。但這天他要和上司舉行重要會議，所以決定裝出一副快樂的表情。他在會議上笑容可掬、談笑風生、裝成心情愉快而又和藹可親。令他驚奇的是：他不久就發現自己不再抑鬱不振了。

　　詹姆斯並不知道，他其實是採用了心理學中的新原理：裝作有某種心情，往往能幫助我們真的獲得這種感受——在困境中較有自信心，在事情不如意時較為快樂。

　　一個人如果總是想像自己進入某種情境、感受某種情緒，那麼這種情緒十之八九會真的到來。同樣，當一個人故意裝作憤怒時，由於情緒的影響，他的脈搏會加快，體溫也會上升。

　　所以，當我們煩惱時，不妨「裝」出一份好心情，多回憶曾經愉快的時光，用微笑來激勵自己。正如英國小說家艾略特所說：「行為可以改變人生，正如人生應該決定行為一樣。」

寬容
壞情緒

古典邏輯學中的「同一律」指Ａ就是Ａ，它不能是Ｂ，也不能是Ｃ。

任何事物就是它本來的樣子，無論是它所呈現的，還是它所暗示的樣子。

就好像卡車，我們會說它又硬又重，可能對生命構成威脅；氰化物由於本身獨特的化學成分，進入人體血液後會產生一定的化學反應。同一律看起來好像如此簡單和明顯，但其重要性卻不能忽視，如果我們不接納，就有可能帶來嚴重後果。

如果把卡車當成花兒，很可能會被它碾死；同樣，如果把氰化物當成食物，那小命就不保了。我們必須按照同一律去生活，這樣才符合生存的要求。

「同一律」在心理學上的地位也是一樣重要的，但在

情緒領域它經常被忽視。雖然人們在卡車或氰化物問題上,可以很容易地認可,卻經常在自己的情緒上有著相反的態度。

例如說,很多人會把自己想像成勇者,於是不願接受自己的恐懼或不安全感;有些人由於覺得自己是個大方的人,而拒絕承認自己的嫉妒情緒。

其實,恐懼、不安全感以及嫉妒這些情緒是永遠存在於人性裡的,它們就像月亮和星星等客觀存在一樣,不會因為否認而消失。

大學畢業後,小潔工作不久便遇到了煩惱,陷入迷茫。於是,她寫信向專家心理諮詢:「我自認我是個有毅力的女生。剛上初中時,我堅持每天早起跑步。和我一起跑步的有好幾個同學,沒過多久她們就陸續放棄了,我卻堅持下來。大家都佩服我有毅力,我也為自己的堅持而驕傲。但是現在,我的毅力越來越薄弱。」

「我現在很容易想起以前傷感的事情,並且不能控制自己的情緒。自己也說不清,朋友的一句話,上司的一句批評,喜歡的男生對自己視而不見……一些瑣碎的小事都能讓我的壞心情莫名其妙地冒出來。這對我的影響很大,

不知不覺中，我就陷入了淡淡的憂傷。等自己意識到，再回過神來，時間已經過去很久了。我曾試圖用毅力克服糟糕的心情，但怎麼也不管用，而且好友說她自己也常常如此。我很想知道該如何克服壞情緒？」

只要產生了這種情緒，我們將無法全心地投入學習或工作之中，總覺得自己再也找不著小時候的那種開心快樂，更多感受到的是煩惱、恐慌甚至不安。

很多同學試圖像小潔那樣，用自己的毅力去克服當時的壞情緒，但通常都是徒勞的。

當我們抵制情緒時就好比一場沒有硝煙的戰爭，會造成生理能量的消耗，會時時刻刻做著感覺和思想的爭鬥，不允許自己讓這些感覺存在。這種內外交錯的掙扎，只會削弱精力，造成身心的更不和諧。相反的，當接受並體驗那些情緒時，我們則是可以體會到心理和情緒的和諧共處。

有時候，因為我們希望體驗好情緒而不喜歡壞情緒，就採取了否定態度。如果真的想保持心理健康的話，你卻必須像接受同一律那樣，勇敢而輕鬆地接受它們。

很明顯，越是有意識地抵抗自身情緒，它就越容易控

制我們，更會淹沒我們，剝奪更多的選擇。只要我們允許自己體驗那些負面情緒並認可它們，雖然它們不會消失，但是降低到了我們可以控制的層次。

哲學家培根曾說：「想要支配自然，首先就得順從它。」接受並不意味著改變壞情緒獨特的本質，但絕對可以讓你更清楚地體驗並認識到它們的本質，越瞭解其本質，我們就更清楚該如何處理它。

一個接受自然定律的工程師，在發明飛機時，絕對比一個不接受自然定律的工程師強。同樣的，一個接受自身情緒的人——嫉妒就是嫉妒，恐懼就是恐懼——會比不接受的人活得更舒坦。

只有學會接受情緒，當我們恐懼時才不會逃跑，當我們嫉妒時才可以愉悅地幫助朋友。

情緒在很大程度上，不受意志的控制。不過，這並不表示我們對待壞情緒就只能聽之任之。我們不妨試著把情緒想像成一個孩子，學會接納和寬容它。

孩子聽話的時候，我們接受他；他不聽話的時候，我們也不可能嫌棄他、拋棄他。因為聽話或不聽話，都是孩子特有的屬性，情緒亦是如此。

我們不如常常告訴自己：「壞情緒也是自己情緒的一

部分；波動的心境也是組成美麗人生的元素。」這樣，只要我們不和壞情緒較勁，就會少了很多無謂的煩惱，它也無法影響我們的日常生活了。

我們可以用下面這些方法來安慰情緒這個「孩子」。

首先，轉移注意力。雖然你無法控制情緒，但完全可以控制自己的身體。

當我們陷入情緒的泥淖而無法自拔時，那就儘快離開眼前的境況，出去走走看看太陽，感受微風欣賞花草。這樣，如果轉移了注意力，心情也就會好多了。

其次，要學會給壞情緒留點時間。這樣做既代表接納了壞情緒，也不至於讓它放任自流。

例如，將下班後的半小時或一小時留給壞情緒，其他時間，只要壞情緒一出現，便提醒自己：「現在，壞情緒的時間已經過了，我還有自己的事要做！」

真正的幸福生活是來自接納和寬容而並非取捨，承認「情緒＝情緒」，而非「我要好情緒，不要壞情緒」。在生活中，學會接納，寬容你的壞情緒，才是你進步前行的助推器。

控制情緒，
解放心情

在紛繁錯雜的世界面前，或許我們曾經迷茫過、失落過、憤怒過、怨恨過⋯⋯而事後的結果是不堪回首的。此刻，我們就要學會控制情緒，解放心情，做情緒的主人才是關鍵之所在。

這樣的事情經常會發生在交通擁擠的十字路口：整個路面都成了車的海洋，不耐煩的司機在車裡使勁地按著喇叭並怒吼著，交通警察及時出現阻止了快要陷入癱瘓狀態的交通。他熟練地指揮，該停的停，該轉的轉，該走的走，場面很快得到了控制。這時，交通警察的重要性便展現出來了，沒有他們的管理疏導，這種糟糕的狀況還會持續很久。

有時候，人的心情也會像這個雜亂的交通一樣，亂七八糟的各種情緒一起湧上心頭，讓人覺得心煩、頭痛不

205

已，同樣的，我們也需要給這些情緒一個合理的釋放。

疏導情緒時，我們要學會情緒轉向。不管是好心情還是壞心情，都得有一個轉向過程。當我們心情極度興奮的時候，要學會情緒轉向，以免太過激動而發生不必要的麻煩；當我們心情極度低落的時候，也得情緒轉向，以防一蹶不振。

只有我們學會疏導情緒，才能算是真正的成熟，才能做到不輕易流露出自己的情緒。

情商高的人是真正會控制情緒的人。他們善於接受各種各樣的事情，接受不可避免的困難，所以這類人在感到沮喪、生氣甚至是緊張的時候，他們總會先接受這種不可避免的事實，然後再用情緒轉向來發洩自己的不快。他們並不會因為所面對的事情，不是他們所想要的而採取一種逃避甚至是抵抗的態度。

相反，他們會很自在地接納這些已經發生的事情，既不恐慌，也不沮喪，因為他們知道這些事情總會過去的，即便你再抵抗，再沮喪，事情還是照樣發生了，與其這樣，還不如接受。這樣，他們就可以真正地進入自己的心靈世界，避免了這種負面的情緒影響。

　　著名的宗教家名叫傑克‧亨利。在一次傳道的路上，突然被一夥強盜團團圍住，不僅被痛打了一頓，連他身上所剩的一點錢也被搶走了。

　　在空曠的原野上，雖然身無分文，但他還堅持一步一步地走向目的地。

　　後來這他在日記中這樣寫道：「我要感謝上帝，感謝上帝給我這樣的保護，我真的是太幸運了。」並且，列出了之所以說自己幸運的幾個理由：

一、我在此之前從來就沒有遇到過類似這樣不幸的事情，這次竟然遇見了，我真是幸運。

二、強盜只是搶走了我的錢，我的生命卻是安然無恙，說明這個強盜還是很不錯的，我真是幸運，遇到這樣的強盜。

三、他們只是搶走我身上的錢而已，並沒有搶走我所有的財產。而那些錢是可以再賺回來的，因此我也感覺到自己真的很幸運。

四、是他們搶我的錢，而不是我搶他們的錢，願上帝原諒他們的一時無知。

　　在被強盜搶走了所有的錢，還能列出了這麼多讓自己

感到幸運的理由，不僅說明傑克・亨利能自我安慰，還更能給自己一個釋放心情的理由，此後在傳道的過程中，他也沒有受到此劫的影響，仍能一直保持很高的積極性。

亨利是一個極其明智的人，在面對不可避免的事情時，不抗拒、不逃避，而是放鬆心情並以一種博大的胸襟和氣魄來為自己解脫，讓自己很優雅地離開這種負面情緒，進入心靈的正面狀態。

同樣的，在我們難過、煩悶時，不要一味想著對抗這些負面情緒，而是爭取做到放鬆自己。這樣，壞情緒就會像落日一樣很自然地消失，我們應該學會如何在不經意間實現情緒的成功轉向。

情緒的轉向主要取決於產生情緒的行為、態度的轉變，只要這些方面先轉變，那麼情緒當然也會跟著發生改變。

所以，我們應該知道，遇到困難時要換一種角度去剖析。例如說你碰到一個「大吼大叫」的人，不要認為對方是一個「脾氣暴躁」的人，而應該說他或許是一個「感情豐富」的人。

在別人誤解你的時候，不要只說對方不可理喻，還得想想是不是自己沒說清楚。

　　情緒低落的原因主要有兩種：一種是自己情緒的失控，一種就是受到外界的刺激和影響。

　　當受到別人羞辱時，一般人通常會變的躁動不安很難控制自己的情緒，最後做出令自己後悔莫及的事情。在這個時候只有冷靜的人，才會懂得情緒轉向、解放心情。

　　一九八〇年美國總統大選期間，在一次關鍵的電視辯論中，卡特為了羞辱雷根，抓住他當演員時的生活作風問題，發起了蓄意攻擊。

　　此時，雷根卻沒有絲毫表示憤怒，只是微微一笑，很溫和地說：「你又來這一套了。」

　　這種冷靜而又詼諧的調侃一時間讓聽眾哈哈大笑，並為他精采的回答鼓起掌來。雷根為自己贏得了更多選民的信賴和支持，而卡特卻陷入了一種非常尷尬的境地，最終雷根獲得了勝利。

　　從上面這個故事，我們可以明白冷靜處事的重要性，這不僅表明對自己的瞭解程度，還意味著你是成熟的人。

　　我們不僅要瞭解自己，還要瞭解別人，當這種瞭解達到一定程度的時候，我們就會越來越清楚事務內部存在的

因果關係。

　　這樣我們就不會出現大驚小怪、勃然大怒的情緒。鎮靜的人知道如何控制自己的情緒，並且在日常生活中能很好地理解別人，避免不必要的情緒波動，我們只有做到這樣，才能真正做到控制情緒、解放心情。

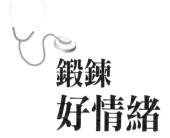

鍛鍊
好情緒

好司機不會把車開的太快，好琴師也不會把琴弦繃的太緊，而一個善於控制自己感情的人，也會經常鍛鍊放鬆自己的情緒。鍛鍊情緒，可以從中追尋到一種愜意、一種暢達的感覺。

有一位心理學家做過一次改造心理的實驗：在一艘船上，他建議讓一些總感覺心浮氣躁的人到船尾去，面對船後波濤滾滾的海水，自己把心中一切的煩惱都拋到海水中，直到自己覺得心裡舒暢了為止。

最後，參加實驗的人員都告訴心理學家這是一種很有用的辦法，自己的壞情緒真的被清洗乾淨了，心中的煩惱似乎就在那一瞬間消失了，真的就像一件物體一樣掉進了海水中，轉眼就不見了。

　　他們還打算以後都採取這種方式來消除心中的煩惱，直到自己全身都感覺到輕鬆為止。

　　我們真的可以將煩惱當作一件物體丟進海裡嗎？這是不太可能的。心理學家只不過是找了一個方式，一種方法來讓這些感到心浮氣躁的人發洩自己的這種鬱悶心情，當發洩完了，人們的煩惱就會隨之消失了，心情也就輕鬆了。

　　有時，曾經的經驗、固定的想法，甚至是對每一種情緒的感受會重重地包圍著我們，就如同一台機器，總是在超負荷地運轉，最終導致故障。

　　既然如此我們何不做一個深呼吸，去室外享受一下久違的陽光，給自己的心情一點時間與空間。

　　畢竟，在我們一生中都會經歷艱辛，由此也會產生一些波動的情緒，想要完全忘記是不可能的。如果一個人總是背著沉重的情緒和包袱過一種充滿焦躁、憤懣、後悔的生活，不僅對自己無益，還會白白浪費自己眼前的大好時光，也就相當於放棄了前途和未來。

　　我們可以時常洗滌自己的心靈，讓心靈減負，盡力去清除困擾你心靈的情緒殘渣，不要讓這些殘渣來控制你的

情緒。要是我們在洗滌心情的同時，再想想自己曾擁有過的幸福，這樣情緒會得到一個更好地鍛鍊。如果數數我們的幸福就會發現，有絕大多數的事情自己做得還不錯，只有小部分的事情做的不好。這樣想就能突破心靈的禁錮，心情就自然也會好起來。

通常，人的不快樂情緒一般以兩種方式出現：第一就是害怕失去，在我們感到愉悅時，總希望時間能在瞬間停止，幸福的事情能長長久久。

可是，世界上的東西都不是永恆的，總有一天會失去，因此我們會感到不快樂;第二就是躲避，當我們感到痛苦時，不敢勇敢地去面對、去解決，總想擺脫這種心情，一般痛苦通常不會立刻消失，因此我們越想擺脫就越會感到不快樂。這時，如果我們能坦然面對困難、笑看風雨變遷，即便是在最困難的時刻，我們內心也會感到平和，心情自然也就好了許多。

德山禪師是一位得道的高僧，他曾跟龍潭大師學習過，龍潭大師日復一日地要求德山誦經苦讀。時間久了，德山開始有些耐不住了。

終於有一天，他跑來問師父：「我就是師父翼下正在

孵化的一隻小雞，真希望師父能從外面儘快地啄破蛋殼，讓我早一天破殼而出啊！」

「被別人剝開蛋殼而出來的小雞，沒有一個能活下來的。同樣的道理，你突破不了自我，最後只能胎死腹中，不要指望師父能給你什麼幫助。」龍潭笑著說。

德山失意地走出來，此時太陽已經落山了，他說：「師父，天太黑了。」

龍潭大師遞給他一支點燃的蠟燭，在他接過蠟燭的同時龍潭大師又把蠟燭吹滅了，說：「如果你心頭一片黑暗，那麼，什麼樣的蠟燭也無法將其照亮！即便我沒有吹滅蠟燭，也說不定會被哪陣風給吹滅。而只有你點亮了心燈一盞，天地就自然一片光明。」

德山聽後茅塞頓開，透過自己的不斷努力，最後終於成了一代大師。

像德山開悟成佛一樣，只要學會清除情緒垃圾，就可以擁有快樂的心境。下意識地為心靈鬆綁，給心情做一個深呼吸，也就相當於德山大師點亮自己的心燈一樣。別人是無法點亮你心中的一盞燈的，而你的快樂也只能一直被情緒垃圾壓制住。

　　快樂就像一大塊被沙子包圍的金子，只要能把那些沙子沖掉，快樂就會像金子一樣閃閃發光。

　　另外，還要適當地做好情緒的轉化，這也是釋放心情的一種方式，可以把不好的情緒轉化成對自己有利的動力。

　　每天早晨推開窗戶，對自己說：「這是個全新的一天。」然後，伸伸脖子、抬抬腿，滿懷信心開始新的一天。還要常常與人交流，開闊自己的眼界，這樣可以倒掉許多情緒垃圾。

　　平時多讀一些書，翻一翻你喜歡的雜誌，分散心思，改變心態，冷靜情緒，陶冶情操。最後，記得多笑一些，笑是心理健康的潤滑劑，它有利於驅走煩惱，消除心理疲勞。

　　我們還可以從自然界尋找心靈的寄託，每每看到噴薄而出的朝陽，聽著清脆婉轉的鳥鳴，聞著沁人心脾的花香，心情不知不覺就好了起來。我們何不去大自然鍛鍊情緒，去接受大自然的洗禮！一起鍛鍊好情緒，讓生活變的更美好！

善於調節情緒的人
才會成功

我們經常會聽到有人抱怨自己的專業不好，自己的學校不好，自己的家庭條件不好，自己的工作不好，甚至有人會抱怨自己英雄無用武之地等等。

他們只看到了生活中不好的一面，如果這些人能換一個角度去看問題，就會發現生活其實真的很美好：自己專業不好，說明自己的專業比較偏冷門，找工作比較集中，不需要到處跑；自己的學校不好，說明自己的知識學的還不夠，在以後的生活工作中還要繼續學習；自己的家庭條件不好，正好能給自己一個鍛鍊的機會，並能在小時候養成一種好習慣，即不隨意花錢；還有那些抱怨自己工作不好，工資不高的，甚至抱怨自己英雄無用武之地的人，可以現在努力學習、充實自己，這樣以後可能會找到一份更好的工作。

　　抱怨、埋怨是人們經常會產生的一種情緒。當被老闆批評時，有人會想怎麼這麼倒楣，每次偷懶都被老闆看到；而有的人卻會想自己還有好多缺點，今天老闆指出的就是一個很明顯的缺點，自己一定要在以後的工作生活中勇於改正。

　　在上班的路上，無緣無故被人撞了一下，有人會抱怨對方不長眼睛，而有的人會想：說不定對方是有急事，一時沒注意而已。

　　公司破產了，有的人會想：老天為什麼不長眼，自己苦心經營的事業就這樣沒了，甚至想到去自殺來結束這種痛苦生活。而有的人則會想生活終於安靜了，一無所有了也就不怕再丟失了，而且透過努力我還可以東山再起的。

　　從不同的角度看問題可以看出兩個世界，這兩個世界的人的情緒完全不同：一個世界的人只看到了自己的付出和失去；而另一個世界的人看到的卻是生活所給予他們點點滴滴的快樂，在他們的眼中，失敗也是一種快樂，至少能?明自己發現自己的缺點和不足。

　　不同的情緒、不同的看法會對同樣的事產生不同的結果。樂觀的情緒是動力的助長器，據醫學雜誌顯示：樂觀的情緒可以刺激大腦前額葉的發達，而大腦前額葉的發達

可以刺激人的思維運轉更為迅速。

華盛頓說：「一切的和諧與平衡，健康與健美，成功與幸福，都是由樂觀與希望的向上心理產生與造成的。」

一個人對生活的看法會決定他的一生，甚至能決定一個人的成敗。這個世界就像一個萬花筒，你想怎樣去看，就會看到不同的樣子，就像不同情緒的人，會有不一樣的人生。

我們要要善於發現自己的不足，讓性格和情緒更加完善。只有這樣，才能在事業中不斷前進，才能爬上人生的頂峰，實現自己的夢想

目標明確是
啟動夢想鑰匙

有了明確的目標，才會為行動指出正確的方向，才會在實現目標的道路上少走彎路。事實上，漫無目標，或目標過多，都會阻礙一個人前進的腳步。要實現自己的心中所想，如果不切實際，最終可能是一事無成。

夢想是每個人人生的動力，而目標明確則是啟動夢想的重要鑰匙，只要有了方向，生活態度與實際行動便會開始改變。

當人們付出無盡的辛苦之後，若是一無所得，探究其中的原因，幾乎都是因目標不明確而在不知不覺中陷入「原地踏步」或「盲目打轉」的泥沼。這時，人們多半都不是朝著自己的目標前進，甚至是在「騎驢找馬」的狀態中，不斷地重新開始而無法累積成果。

一位哲學家在郊外的一家農場發現：所有新插的秧苗排列整齊劃一，就像是排過隊一樣。他不禁好奇地問農場主如何辦到的。

農場主要哲學家自己取一把秧苗插插看。哲學家捲起褲管，很快地插完一排秧苗，結果竟然參差不齊。

他再次請教農場主，如何能插一排筆直的秧苗，農場主告訴他，在彎腰插秧的同時，眼光要盯住一樣東西，朝著那個目標前進，即可插出一列筆直的秧苗。

哲學家依言而行，不料這次插好的秧苗，竟成了一道彎曲的弧形，劃過半邊的水田。

他又虛心地請教農場主，農場主不耐煩地問他：「您的眼光是否盯住一樣東西？」哲學家答道：「有啊，我盯住那邊吃草的那頭水牛，那可是一個大目標呢！」

農場主說：「水牛邊走邊吃草，所以你插的秧苗也跟著移動，你想，這道弧形是怎麼來的？」

哲學家恍然大悟。於是，他選定遠遠的一棵大樹作為參考。

成功的果實有時就如同田裡的種苗。你願意擁有一片縱橫排列整齊的漂亮成果，還是參差不齊、扭曲歪斜的結

果?選擇後者,那麼就先要將你的目標明確下來。

在開始偉大志業的起點時,懂得確立每一個里程的目標絕對是極其重要的。沒有目標的人生或目標不斷飄移的人生,所得到的結果正如哲學家所插的秧苗一般。明確的目標是夢想實現的階梯,只有朝著確定的目標行動,才有成功的希望。

有一匹馬和一頭驢是好朋友,牠們同在一家磨坊共事。

馬兒每天都在外面奔波運送,驢子則在屋裡推磨。有一年,馬兒被別人相中,並被帶領到各地。

若干年後,這匹馬回到了自己的故鄉,重回磨坊裡會見驢子朋友。牠談起這些年旅途的經歷:「你知道嗎?我經歷了浩瀚無邊的沙漠、高入雲霄的山嶺、凌山的冰雪、熱海的波瀾,這些像神話般的境界……」

驢子聽了大為驚奇,讚歎地說:「你的經歷多麼豐富呀!那麼遠的路是我從未想過的!」

老馬低下頭沉思了一下,隨後由抬起頭笑著說:「事實上我們走過的距離是一樣的。當我不斷前進的時候,你同時一步也沒有停止過。我們不同的地方是,我與紳士的

每段歷程都有明確的目標，也始終按照一定的方向前進，最終我們打開了廣闊的世界。而你總是在蒙著眼睛的狀態下工作，始終沒有明確的目標，無論如何也不可能走出這片天地。」

明確的目標就像方向盤，人生沒有了方向盤，人們便無法掌握前進的方向。只要有了方向，生活態度與實際行動便會開始改變，潛能也會跟著激發出來，一切正是為了完成自己的最終目標。

從某個角度上說，明確的目標就該如列車運行時刻表。時刻表上記載著本次車的啟程時間、運行時間和到達時間。明確的目標還必須規定出明確的完成期限以及應該達到的標準。

因此，擦亮你的眼睛找到目標、方向，然後大步前進，總有一天會到達你夢想的彼岸。

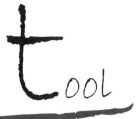

大大的享受拓展視野的好選擇

永續圖書線上購物網
www.foreverbooks.com.tw

謝謝您購買　　　我們的心都沒病　　　這本書！

即日起，詳細填寫本卡各欄，對折免貼郵票寄回，我們每月將抽出一百名回函讀者寄出精美禮物，並享有生日當月購書優惠！

想知道更多更即時的消息，歡迎加入 "永續圖書粉絲團"

您也可以利用以下傳真或是掃描圖檔寄回本公司信箱，謝謝。

傳真電話：（02）8647-3660　　　　　　　信箱：yungjiuh@ms45.hinet.net

☺ 姓名：　　　　　　　　　　□男　□女　　　□單身　□已婚

☺ 生日：　　　　　　　　　　□非會員　　　□已是會員

☺ E-Mail：　　　　　　　　電話：（　）

☺ 地址：

☺ 學歷：□高中及以下　□專科或大學　□研究所以上　□其他

☺ 職業：□學生　□資訊　□製造　□行銷　□服務　□金融

　　　　□傳播　□公教　□軍警　□自由　□家管　□其他

☺ 您購買此書的原因：□書名　□作者　□內容　□封面　□其他

☺ 您購買此書地點：　　　　　　　　　　金額：

☺ 建議改進：□內容　□封面　□版面設計　□其他

　　　您的建議：

想知道大拓文化的文字有何種魔力嗎？

■ 請至鄰近各大書店洽詢選購。

■ 永續圖書網，24小時訂購服務
www.foreverbooks.com.tw
免費加入會員，享有優惠折扣

■ 郵政劃撥訂購：
服務專線：(02)8647-3663
郵政劃撥帳號：18669219